ENCICLOPEDIA JUVENIL PARA MENTES CURIOSAS
¿SOMOS MÁQUINAS PERFECTAS?

Título original: *Siamo macchine perfette?*
Pierdomenico Baccalario y Federico Taddia con Roberta Villa
Ilustraciones: GUD
© 2022 by Editrice Il Castoro, S.R.L, Milano - www.editriceilcastoro.it
Los derechos han sido negociados a través de Ute Körner Literary Agent – www.uklitag.com
Idea de Book on a Tree Ltd. www.bookonatree.com
Coordinación del proyecto:
Manlio Castagna (Book on a Tree),
Andreina Speciale (Editrice Il Castoro)
Edición: Loredana Baldinucci
Coordinación editorial: Alessandro Zontini
Proyecto gráfico y maquetación: ChiaLab

Agradecimientos:
A Andrea Vico, Maria Cristina Daniele (médica cirujana) y
Paolo Cugnàsco (médico cirujano) por su collaboración.

© 2025 BOLDLETTERS, S. L. de la presente edición en castellano para todo el mundo
Ganduxer 5, Local 6 – 08021 Barcelona
www.bold-letters.com
info@bold-letters.com
Instagram:@boldletterseditorial
Traducción a cargo de Marc Figueras (La Letra, S. L.)
Adaptación, corrección y realización en castellano: La Letra, S. L.
Este libro forma parte de la serie de Boldletters «Enciclopedia juvenil para mentes curiosas».

Primera edición: septiembre de 2025
ISBN: 978-84-18246-93-7

Depósito legal: B 14699-2025

Impresión: Arlequín BCN
Impreso en España
Esta edición utiliza papeles fabricados con fibras naturales, renovables
y reciclables a partir de maderas procedentes de bosques
que se acogen a un sistema de explotación sostenible.

PEFC
PEFC/14-38-00306

Pierdomenico BACCALARIO
Federico TADDIA

con Roberta VILLA

¿SOMOS MÁQUINAS PERFECTAS?

ilustraciones de
Gud

ÍNDICE

1

¿CÓMO ES QUE ESTOY VIVO?

Tú eres tú.

Ya ves qué cosa.

Siempre has estado aquí. Desde que tienes memoria, tú estás presente.

Quizás no como ahora: eras más pequeño, con otro pelo, unas manos pequeñitas... y vivías en un mundo que parecía más grande, cuando en realidad eras tú quien era más pequeño. Pero tú eres tú.

Bueno, y si estás leyendo estas palabras es que estás vivo. Solo un poco aburrido. A lo mejor estás sentado esperando en el coche de tus padres, y estás leyendo esto porque no tienes nada mejor que hacer.

Por cierto: ¿qué coche tienen tus padres?

¿Es bonito? ¿Es cómodo? ¿Apesta? ¿Qué mecánica tiene? ¿Es potente?

¿Pues sabes qué? La mecánica de la máquina que te mantiene vivo es mucho mejor.

¿Cuál? ¿Qué máquina? Pues el cuerpo que ocupas. El que sostiene este libro con los dedos, lo lee con los ojos, bosteza. ¿Ya lo captas? Piel, pelo, músculos, huesos, ojos, pulmones... y que responde a tu nombre.

Lo mismo ocurre con tus amigos Alberto e Isolda, con tus perros y con todos los seres vivos. Son todos como coches con mecánicas muy diferentes: algunos más jóvenes, otros más experimentados, algunos con *brackets* en los dientes (Alberto), otros invencibles con los videojuegos (Isolda), algunos que mueven la cola (tus perros), pero todos, absolutamente todos, son como coches que comen, duermen, juegan, se caen bien, hacen sus necesidades y vuelven a empezar.

Así que ponte al volante.

Y veamos cuánto sabes de tu motor, de tus controles, de tu salpicadero e incluso de tu tubo de escape.

EL CUERPO COMO UN PALACIO INDUSTRIAL

En 1926 Fritz Kahn concibió por primera vez el cuerpo humano como una enorme fábrica, con pulmones mecánicos, una mina como estómago, una garganta de engranajes y una central de palancas y botones como cerebro. Si buscas en internet «Man as Industrial Palace», podrás ver una versión animada.

Pequeña o grande, así es la vida

La primera pregunta importante es: ¿por qué estás hecho así? ¿Cómo es que no tienes cola, como tus perros? (Aunque hay algunas personas, muy pocas, que aún conservan un rastro de cola.) Hay quienes creen que lo hicimos todo solos, evolucionando a lo largo de unos cuantos millones de años. Y quienes están convencidos de que Dios, los dioses o los extraterrestres nos dieron un empujoncito; si no, todavía estaríamos jugando con amebas.

Pero en este libro no vamos a hablar de eso. Ahora nos interesa ver tu cuerpo tal como es hoy.

Empecemos por aquí: estás hecho de células, algunas muy pequeñas, como las bacterias (es decir, organismos compuestos por una sola célula), que son muy numerosas y pesan muy poco, más o menos el 0,1 % de tu cuerpo. Todas tus células, por una serie de razones increíbles, viven y funcionan juntas, unas con otras.

MUCHAS otras.

Que, a su vez, están formadas por átomos.

MUCHOS átomos.

Si colocas un fino tajo de cebolla bajo el microscopio, descubrirás que está formado por muchas habitacioncillas va-

DESCIFRAR

Estamos formados (cuando somos adultos) por siete mil cuatrillones de átomos, que se escribe 7.000.000.000.000.000.000.000.000.000 (7×10^{27}).

cías. Como las celdas de un convento, pensó Robert Hooke, el primero que lo observó. Por eso se llaman «pequeñas celdas», es decir, «células» (o quizá Hooke simplemente quería que lo dejaran en paz, quién sabe).

Todas las células comparten ciertas características: poseen una membrana permeable que las separa del exterior y protege su «maquinaria» interna, los orgánulos. A través de la membrana, pueden dejar entrar o salir moléculas, atraer a su interior los materiales que les sirven para funcionar y liberar los desechos o productos que otras células necesitan.

Cada célula funciona como una pequeña fábrica.

LA CÉLULA

1 LA **MEMBRANA EXTERNA** SOLO DEJA ENTRAR LO QUE SE NECESITA.

2 LOS **RIBOSOMAS** FABRICAN LAS PROTEÍNAS QUE SIRVEN PARA HACER FUNCIONAR TAMBIÉN LAS DEMÁS CÉLULAS.

3 EL **APARATO DE GOLGI** LAS PREPARA PARA ENVIARLAS DONDE SE NECESITEN.

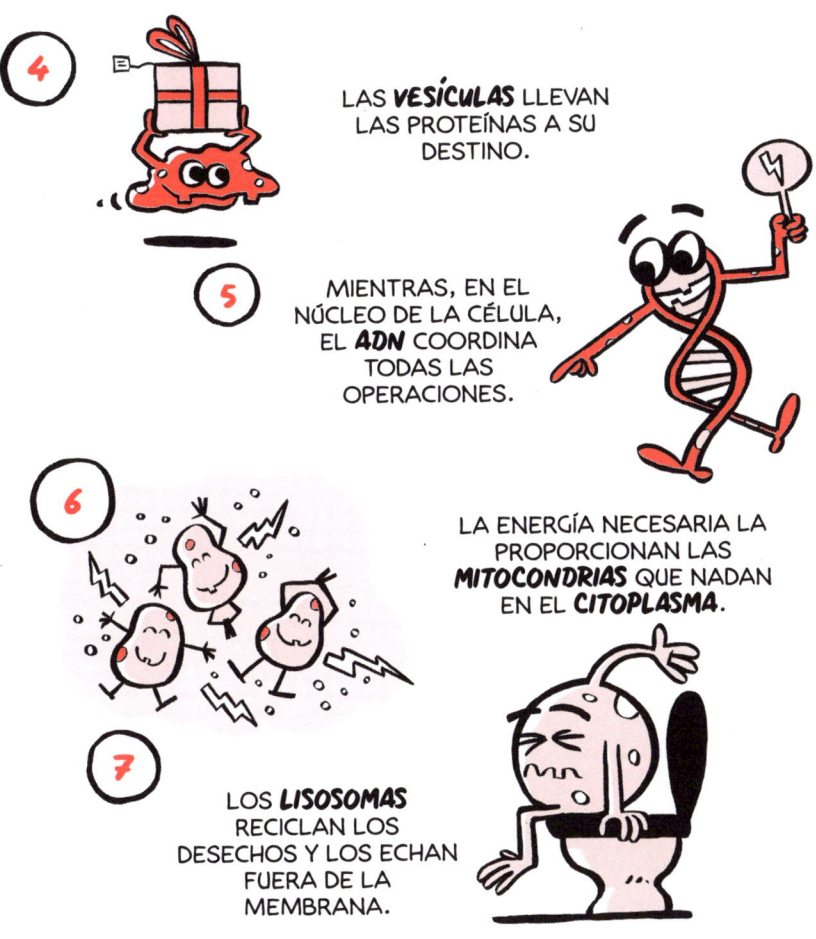

4 LAS **VESÍCULAS** LLEVAN LAS PROTEÍNAS A SU DESTINO.

5 MIENTRAS, EN EL NÚCLEO DE LA CÉLULA, EL **ADN** COORDINA TODAS LAS OPERACIONES.

LA ENERGÍA NECESARIA LA PROPORCIONAN LAS **MITOCONDRIAS** QUE NADAN EN EL **CITOPLASMA**.

6

7 LOS **LISOSOMAS** RECICLAN LOS DESECHOS Y LOS ECHAN FUERA DE LA MEMBRANA.

Durante mucho tiempo, las células que había en la Tierra vivieron solas, sin núcleo ni objetivo. Luego comenzaron a formar alianzas y a especializarse para construir estructuras cada vez más complejas. Como una hormiga. Un dinosaurio. Un armadillo.

Y, por último, tú.

2

EN ALGÚN MOMENTO YA NO ESTARÉ VIVO, ¿POR QUÉ?

Estás vivo porque aún no estás muerto. Pero tranquilo: le pasa a todo ser vivo.

Las células mueren, los animales mueren, las personas mueren y tú también mueres. Eres un ser mortal. Y también el único que tiene miedo de morir; ningún ser vivo quiere morir y todos intentan evitarlo, pero lo cierto es que los demás no piensan en ello: solo lo hacemos nosotros, los seres humanos. El miedo a morir es una especie de cortocircuito cerebral relacionado con la forma en que estamos acostumbrados a pensar en el tiempo y en su transcurso.

Y entonces, en algún momento, te preguntas por qué.

La respuesta corta es que la vida es un ciclo: naces, creces, te haces adulto, puedes reproducirte y tener hijos, luego envejeces, te desgastas y mueres. Morir es parte de la vida. Morimos para dar cabida a otros, que no son iguales a nosotros. Y así, la vida cambia y evoluciona.

Sin embargo, a lo largo de los siglos, hemos aprendido a hacer trampas y hemos conseguido alejar cada vez más ese momento.

Y a mejorar la eficiencia de tu máquina.

¿Cómo funciona tu mecánica?

Es complicadísima.

Tus 100 billones de células trabajan juntas en una obra maestra de organización, precisión y comunicación. Si te desmembráramos para estudiarte por partes, a cada una de ellas la llamaríamos *sistema* o *aparato*.

Pero bueno, como no es muy agradable hacerlo, imagínatelo usando a tus amigos como voluntarios: aquí están Alberto (aplausos) e Isolda (más aplausos).

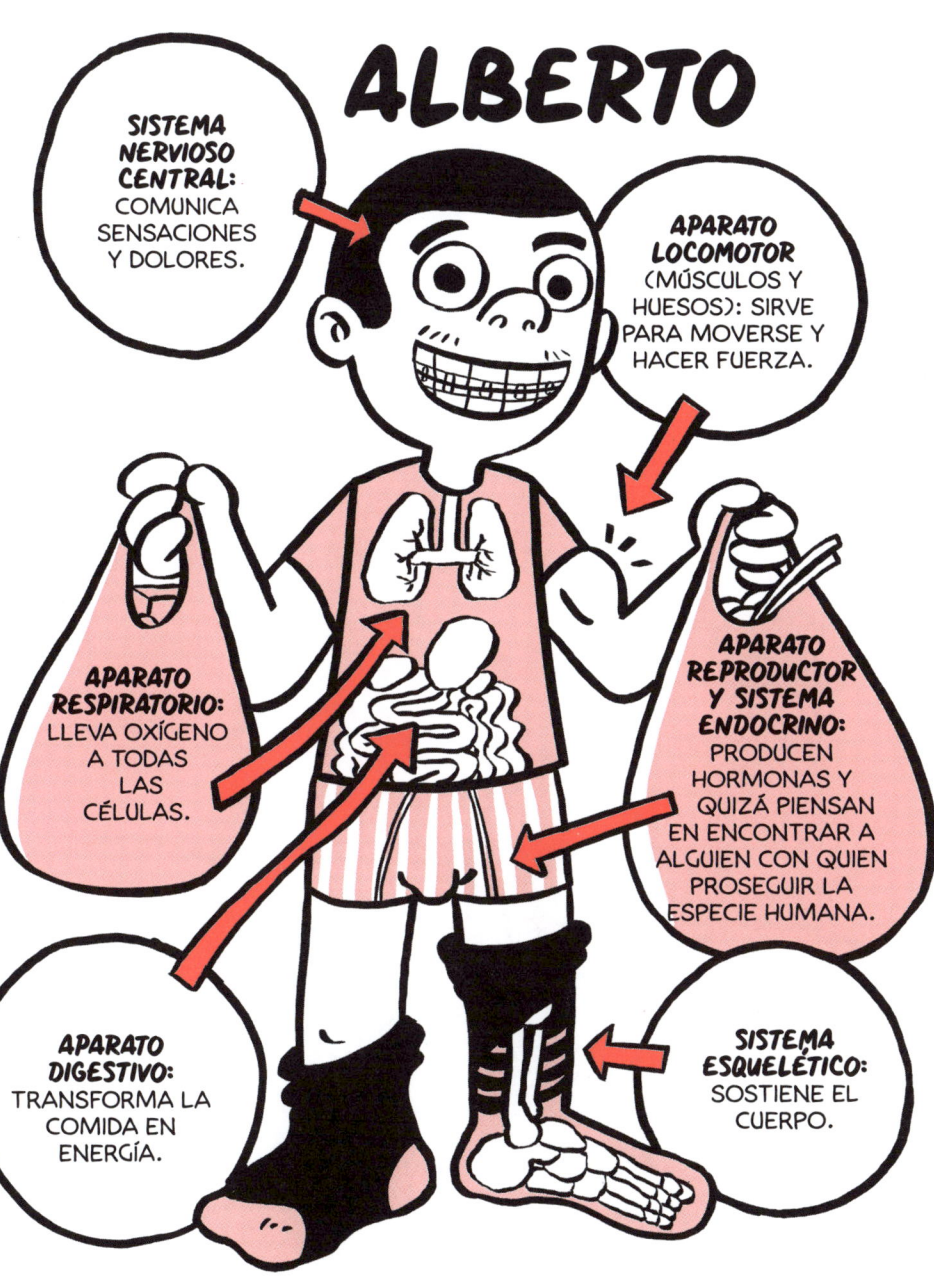

ISOLDA

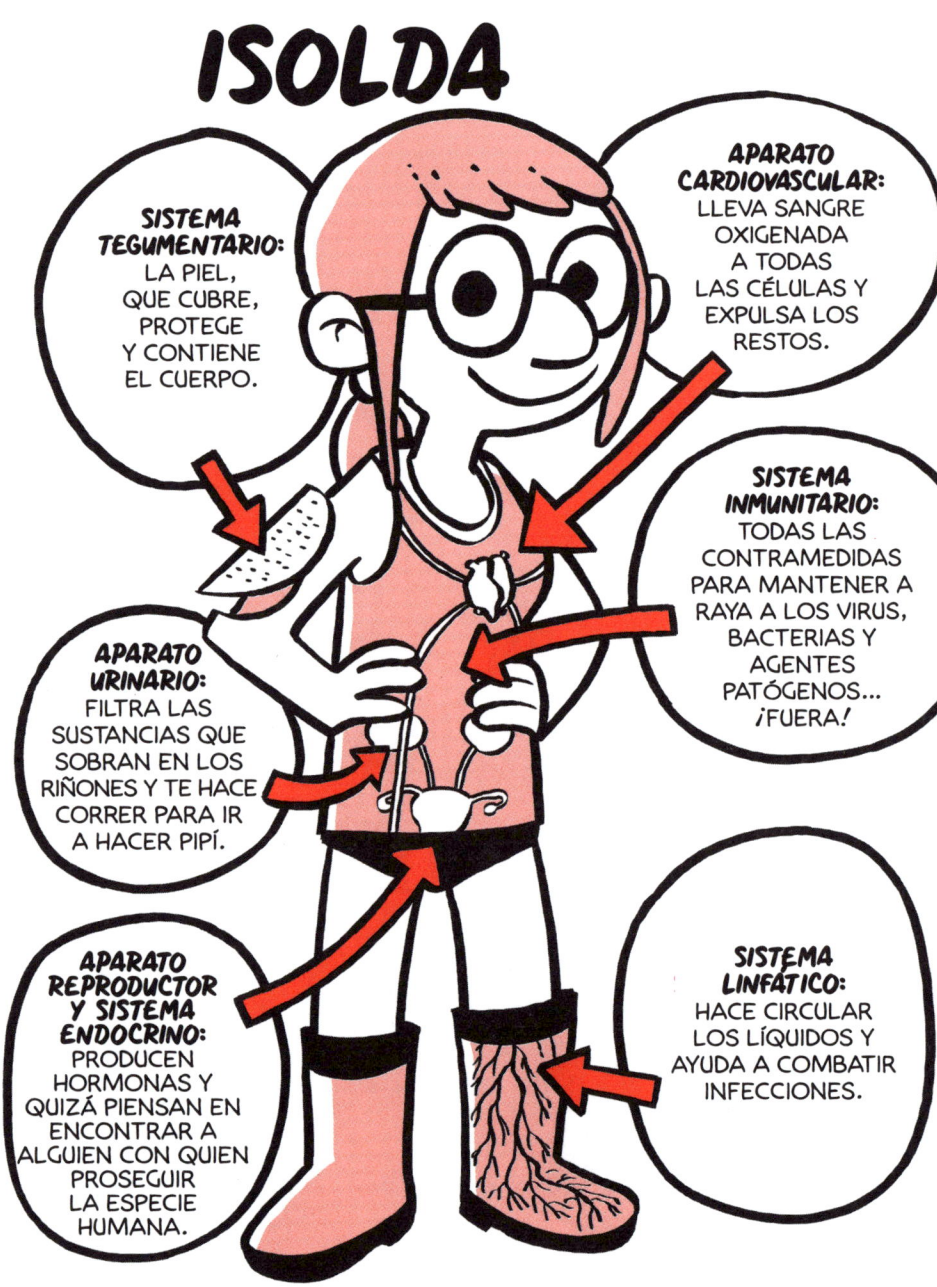

Todos estos sistemas están conectados: el páncreas, por ejemplo, es un órgano fundamental para digerir los alimentos (aparato digestivo), pero al mismo tiempo produce hormonas (sistema endocrino).

Es un gigantesco trabajo en equipo que no se detiene ni siquiera cuando duermes, y que, en la mayoría de los casos, ocurre sin que te des cuenta. En el tiempo que has tardado en leer la frase anterior, por ejemplo, tu cuerpo ha producido un millón de glóbulos rojos.

Podríamos decir que te enfermas y mueres cuando alguno o todos estos sistemas dejan de funcionar como deberían.

DESCIFRAR

Hasta hace doscientos años, la esperanza de vida media de una persona rondaba los 40-45 años. Luego empezamos a comer mejor, a vivir en ambientes más cálidos, a beber agua no contaminada y a lavarnos las manos con frecuencia (eso de «lávate bien las manos» ha salvado más vidas que cualquier otra cosa).

En España la esperanza de vida es de 86 años para las mujeres y de 81 para los hombres.

Gracias a las mejoras en la medicina, hemos descubierto poco a poco cómo reparar huesos rotos, desinfectar heridas, vacunarnos y protegernos de enfermedades infecciosas. Hoy en día, podemos afirmar con razón que vivimos el doble que los antiguos romanos.

Y quizás, en el futuro, podamos aspirar con optimismo a 100, quizás 110 años, un límite que parece imposible superar con nuestra máquina, nuestro cuerpo.

Adiós, celulitas

Dejando de lado las causas externas, son las propias células las que, poco a poco, se apagan y mueren. A veces son atacadas por otras células, como ocurre con los virus o las bacterias. Otras veces, es la radiación o alguna reacción química lo que las descontrola, impulsándolas a desencadenar la formación de un tumor. Algunas se vuelven tumorales incluso sin estímulos externos, debido a un error en su manual de instrucciones. A veces, una célula se apaga por sí sola porque ha agotado su función y el resto del cuerpo ya no la necesita.

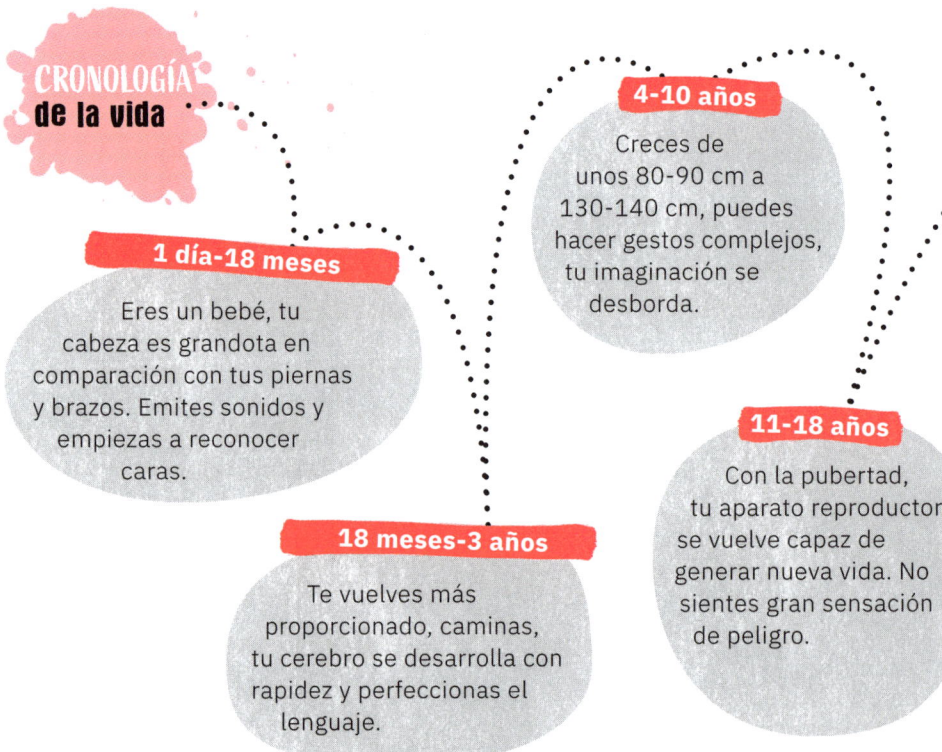

CRONOLOGÍA de la vida

4-10 años
Creces de unos 80-90 cm a 130-140 cm, puedes hacer gestos complejos, tu imaginación se desborda.

1 día-18 meses
Eres un bebé, tu cabeza es grandota en comparación con tus piernas y brazos. Emites sonidos y empiezas a reconocer caras.

11-18 años
Con la pubertad, tu aparato reproductor se vuelve capaz de generar nueva vida. No sientes gran sensación de peligro.

18 meses-3 años
Te vuelves más proporcionado, caminas, tu cerebro se desarrolla con rapidez y perfeccionas el lenguaje.

En las personas mayores, cada día mueren entre 50.000 y 100.000 millones de células. Muchas se reemplazan, otras no. Hay algunas células originales que permanecen con nosotros toda la vida: las del cerebro, por ejemplo. Las del intestino viven un promedio de 7 días, los glóbulos rojos, 120 días, y los glóbulos blancos, solo 2 días.

Para entender qué les sucede a las células, pensemos en el cabello: pierdes entre 40 y 120 cabellos al día. Y mientras, crecen otros nuevos. Bueno... casi siempre.

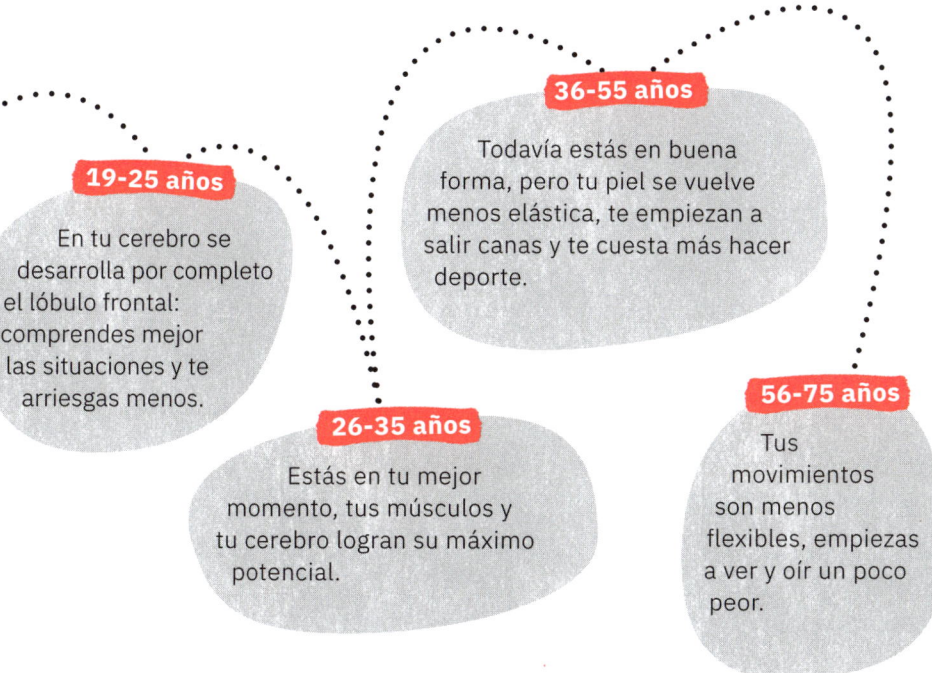

36-55 años
Todavía estás en buena forma, pero tu piel se vuelve menos elástica, te empiezan a salir canas y te cuesta más hacer deporte.

19-25 años
En tu cerebro se desarrolla por completo el lóbulo frontal: comprendes mejor las situaciones y te arriesgas menos.

26-35 años
Estás en tu mejor momento, tus músculos y tu cerebro logran su máximo potencial.

56-75 años
Tus movimientos son menos flexibles, empiezas a ver y oír un poco peor.

¿Y después de los 75? Te convertirás en un viejecito entrañable. ¡Disfrútalo!

El ADN

Tu máquina viene con un programa y una garantía, el Código de la Vida, llamado ADN. Es tu sistema operativo o, si lo prefieres, tu manual de instrucciones. Decide cómo eres y por qué: ¿tienes dos ojos azules, orejas prominentes, dientes rectos? ¿Corres más rápido que todos tus compañeros? ¿Eres el más alto de tu clase? Todo está escrito en el ADN.

Pero también puedes cambiar muchas cosas por ti mismo.

Tu manual de instrucciones es un filamento de moléculas dispuestas en forma de cadena, o mejor dicho, de dos cadenas, que se entrelazan en una doble hélice.

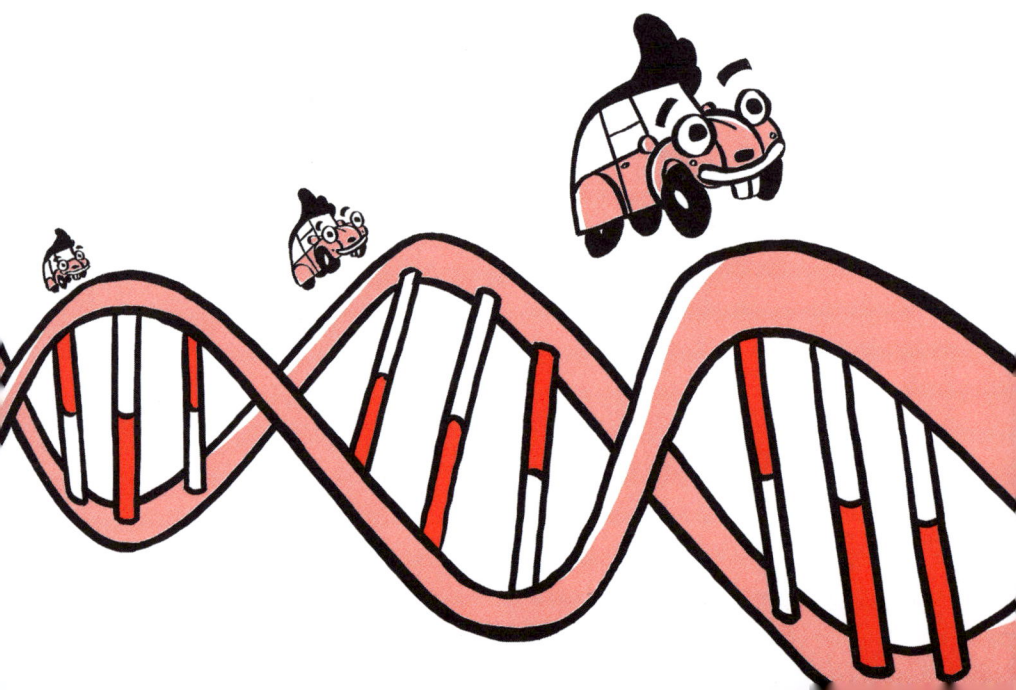

Los filamentos, o «hebras», de ADN se entrelazan en pares para formar grandes grupos llamados CROMOSOMAS. En el núcleo de tus células hay 46 cromosomas que describen cómo estás hecho y cómo funcionas: este conjunto es tu *genoma*.

En un 99,9 % tu genoma es igual al de todas las demás personas del mundo. Así que ya es hora de aceptarlo: no eres tan especial. Y nadie es ni un 0,1 % diferente de ti.

Las moléculas que componen el ADN son cuatro: adenina, citosina, guanina y timina. Para simplificar, las indicamos con sus iniciales: A, C, G y T. Se unen entre sí según ciertas reglas: A siempre se une solo a T, mientras que C siempre se une solo a G. Así, los pares A-T y C-G se van alternando a lo largo de la doble hélice del ADN como si fueran los puntos y las rayas de un complejo código Morse. Las instrucciones están ahí. Y son muy resistentes: una cadena de ADN puede conservarse durante decenas de miles de años. Por eso, no cuesta imaginar que podamos encontrar el de los dinosaurios, como en *Parque Jurásico*.

Al copiar ADN de una célula a otra, se produce un error aproximadamente cada mil millones de letras. En general se trata de un error pequeño que nadie detecta. A veces puede ser un error grave, que cause alguna enfermedad o un mal funcionamiento de la célula. Ahora bien, en otras

GLOSARIO

CROMOSOMA significa 'cuerpo coloreado', porque el investigador que los descubrió los impregnaba de colorantes químicos para estudiarlos con el microscopio.

ocasiones la novedad resulta una ventaja. Si lo es, significa que tienes más posibilidades de vivir mejor y, por lo tanto, de transmitirlo a tus descendientes, quienes a su vez lo transmitirán a los suyos, y así sucesivamente.

Este tipo de error se llama *evolución*.

Todos somos genios... ¿o era genes?

Bueno, *genios*, lo que se dice *genios*, quizá no, pero sí que todos tenemos *genes*. Los genes son fragmentos de ADN que recibimos de nuestros padres y que transmitiremos a nuestros hijos. Se utilizan para crear las proteínas que en parte constituyen y en parte gobiernan las células y toda la máquina que somos.

Solo entre el 1 y el 2 % de tu ADN está formado por genes. Hasta hace unos años, no se sabía nada del 98 o 99 % restante. Lo llamábamos «ADN basura», pero luego empezamos a pensar que tal vez sí servía para algo y lo llamamos «ADN oscuro». Tenemos claro que es muy importante para regular la función de los genes, pero aún no sabemos exactamente cómo.

«El 98-99 % del ADN sigue siendo un misterio: no sabemos qué hace.»

Cuando eras un bichejo diminuto de unos pocos milímetros en el vientre materno, tus células eran pocas y todas iguales. Luego se transformaron en los 200 tipos diferentes que ahora te componen. Este cambio, llamado *diferenciación*, se produce precisamente mediante la activación o desactivación de genes que, de esta manera, indican a cada tipo de célula que haga cosas diferentes: la célula sanguínea, que cargue oxígeno; la célula muscular, que se contraiga; aquella otra, que produzca hormonas, etc.

Tus primeras células, todas iguales, las que luego pueden convertirse en cualquier otra célula (o casi) se llaman *células madre*. Y son muy importantes, porque potencialmente aún pueden hacerlo todo. Piensa que siempre llevas algunas contigo, a lo largo de tu vida, en caso de emergencia; son como unas piezas originales de repuesto universales para tu maquinaria.

¡LÁRGATE, RATONCITO PÉREZ!

Los dientes de leche contienen muchas células madre, cada una de las cuales, en teoría, tiene la capacidad de transformarse en cualquiera de las otras células del cuerpo. Por eso, hay quienes conservan los dientes de leche de sus hijos no solo como recuerdo, sino también con la convicción de que pueden servir para resolver algún problema en el futuro.

¿ESTOY BIEN TAL COMO SOY?

Claro que sí, e incluso si al mirarte al espejo ves cosas que te gustaría que fueran un poco diferentes (un poco más de músculo por aquí, un poco menos de barriga por allá, ¡ah, ese grano de ahí!), no se trata de tu cuerpo, sino de tu idea de felicidad.

Tu cuerpo, en la mayoría de los casos, es feliz tal como es. Aunque esto no significa que no puedas ayudarle y tratarlo bien y con cuidado.

Si tienes un espejo lo bastante grande y te pones frente a él, verás que eres más o menos alto y más o menos robusto. Tu constitución no dice casi nada sobre quién eres. Hay personas muy altas y muy felices, y personas muy bajas e igualmente felices. Tu cuerpo es solo un medio para recibir y transmitir información: lo que recibes y lo que transmites depende de ti.

Hay países donde la gente es, en promedio, más alta que en otros. Y como seres humanos, a lo largo de la historia hemos ido creciendo. No porque juguemos al baloncesto, sino porque comemos mejor, tenemos mejores condiciones sanitarias y vivimos con mayor seguridad. De hecho, vivimos en el mejor período de la historia, en términos de salud, seguridad y esperanza de vida. ¡Así que basta de quejarse!

Pero a menudo uno es más feliz cuando se siente guapo. A veces piensas que no eres lo bastante guapo, o que no lo eres de la manera correcta. Pues bien, debes saber que la obsesión por la belleza como fuente de felicidad está presente en pocos países del mundo, y que no existe un ideal de belleza común a todos. E incluso en esos países, incluida España, la idea de lo que es bello ha cambiado y sigue cambiando muy rápidamente: a lo largo del tiempo, en di-

versas partes del mundo, se ha apreciado a las personas que nunca tomaban el sol, o a las que tenían la piel oscura, o el pelo largo, luego corto, luego sin pelo; las fuertes, las regordetas, las muy delgadas, con piernas rectas o torcidas; personas con nariz larga o respingona, con mentón prominente... Se diría que hay una belleza para cada momento y cada cultura o tradición, y hasta para cada persona.

Y hay países que hablan de ella más que otros, donde quizás, a fuerza de detenerse solo en las cosas como se ven desde fuera, uno ya no tiene tiempo para descubrir cómo funcionan por dentro... ni para entender que la verdadera belleza es poder cambiar de opinión sobre todo lo que sabemos y creemos.

RICA Y APESTOSA, CON DIENTES NEGROS Y CEJIJUNTA

Entre 1500 y 1700, cuanto más rico eras menos te lavabas, y en su lugar te ponías perfumes carísimos. Incluso hoy en día hay diferentes ideas sobre lo que es bello y lo que no: algunas tribus del sudeste asiático, por ejemplo, se pintan los dientes de negro; mientras que en Occidente las chicas intentan ser delgadas y se depilan con esmero, en Mauritania las mujeres más hermosas tienen caderas anchas y quieren engordar, mientras que para los tayikos no hay nada más deseable que una chica cejijunta.

Cosas de la piel

Ahora intentemos entender algo muy importante: ¿por qué es tan difícil hacerse cosquillas uno mismo?

Tu piel es el órgano más grande que tienes. Lo mantiene todo unido, lo protege y nos proporciona todas las sensaciones del mundo exterior a través del tacto, que no solo se encuentra en tus dedos, sino en todas partes.

Tu piel es más oscura que la de Alberto debido al primer milímetro de su superficie, la *epidermis*, donde se encuentran los pigmentos de color. El más importante se llama *melanina*, y también es el colorante natural de los peces, las plumas de las aves, la fruta madura, el cabello y la tinta de la sepia. Cuando te expones al sol, tu piel se defiende produciendo una mayor cantidad de melanina y oscureciéndose. Esto es lo que llamamos bronceado. Pero antes de que la piel de Alberto, que es más clara que la tuya, produzca suficiente melanina, el sol la quema, dejándola roja y sensible. De hecho, por la noche le duele incluso ponerse una camiseta. ¡Que se ponga crema!

Tienes ojos oscuros. Alberto tiene ojos azules. Isolda tiene ojos verdes. Los ojos verdes y azules tienen menos pigmento que los negros o castaños oscuros.

DESCIFRAR

Tienes unos 2 metros cuadrados de piel, como una sábana que pesa unos 5 kilos. Es gruesa en la palma de la mano y en los talones, y finísima en los párpados (0,02 milímetros).

Así como la piel clara tiene menos melanina que la piel oscura, hace unos 60.000 años, cuando tus antepasados migraron de zonas muy soleadas a zonas más grises, la protección natural que les proporcionaba la piel oscura no era tan útil como en la sabana africana. Así, los niños que nacían con piel y ojos muy claros no sufrían ningún daño; de hecho, podían tener otras ventajas (eran más populares, ya que eran más originales, y tenían menos riesgo de deficiencia de vitamina D). De este modo, poco a poco, en el norte la gente se fue «aclarando».

La piel está formada por capas. Lo que ves es la parte superior de la epidermis que... ¡agárrate fuerte!... está formada únicamente por células muertas, que se descaman y se desprenden, como migas de pan. Cada año pierdes alrededor de medio kilo de piel.

LOS JOISÁN

I ncluso en África hay diferentes tonos de piel, y no solo por el cruce con europeos. La población joisán de Sudáfrica, por ejemplo, es menos oscura que sus vecinos. Se cree, además, que posee el ADN más antiguo de la tierra, como si vinieran de los primeros hombres.

La epidermis está agujereada por millones de pequeños orificios, llamados *poros* (nadie sabe cuántos hay), que permiten la respiración de la capa intermedia de la piel, la *dermis*, y de la capa más profunda, la *hipodermis*, por donde fluye la sangre. Allí se encuentran los nervios (responsables de transmitirnos calor, frío, dolor y placer) y una serie de corpúsculos que perciben el mundo que nos rodea y nos dicen cómo está hecho (o cómo creemos que está hecho).

Tus corpúsculos son muy sensibles: pueden percibir movimientos de 0,00001 milímetros, incluso sin tocar directamente la piel. Prueba a tomar un palito y sostenerlo en la mano, tocando varios objetos, y te darás cuenta de que puedes «sentir» las cosas casi como si fueras el palito. Las sensaciones de Isolda podrían ser incluso más precisas que las tuyas, porque las chicas suelen tener dedos más sensibles que los chicos.

Y ahora intenta hacerte cosquillas a ti mismo. O que un amigo te las haga. ¿Hay alguna diferencia? Claro que sí. ¿Y una caricia? Igual. Esto se debe a que el tacto también transmite la intención de las sensaciones. Si una caricia viene de alguien que te quiere o a quien quieres, es más placentera que una que te puedas dar a ti mismo. Por lo tanto, las cosquillas solo son divertidas si alguien te las hace; de lo contrario, es un poco «sin sentido».

¡ESE MALDITO GRANO!

Se forma cuando se obstruye uno de los pequeños orificios de la piel, ya que, a tu edad, las glándulas que producen *sebo* están muy activas. A veces el sebo, que es materia grasa, obstruye un poro de la piel y forma un punto negro. Si ese punto negro se inflama, se hincha, y ahí tenemos el grano.

Pelos y cabellos

Tienes mucho pelo: está por todas partes menos en la palma de la mano, bajo los pies, en los pezones y en los labios. Puede ser grueso o fino, duro o suave como el plumón. Sirve para repeler el frío y retener las gotas de agua. Protege tu cuerpo de la luz y se pone de punta cuando algo te asusta: eso es lo que llamamos *piel de gallina*. A veces se te eriza cuando estás enfadado, como los que tiene tu gato en el lomo. Solo que cuando te pasa a ti, es menos visible.

Tus antepasados de hace un millón y medio de años tenían mucho más, pero lo fueron perdiendo cuando empezaron a confeccionar la primera ropa. Pero conservaron el cabello: te crece ocho metros, a un ritmo de un milímetro cada tres días, y parece que sigue creciendo un poco incluso muerto (¡aaaajjjjj!). No sirve para nada tenerlo, pero es una tragedia no tenerlo si se te cae. Te mantiene abrigado y te aísla un poco (y los rizados son más efectivos que los lisos), pero sobre todo es una gran arma de seducción.

¿Y el vello en las axilas? Un misterio. Nadie sabe realmente por qué lo tienes: quizás solo para marcar la transición de la infancia a la pubertad (y para saber qué es la pubertad, solo espera unos capítulos).

EL MISTERIO DE LOS LUNARES

Los lunares son rarezas oscuras de la piel, dispersas por aquí y por allá. Suelen estarse quietecitos de por vida, pero algunos pueden cambiar y volverse peligrosos. Por eso conviene consultar con un dermatólogo (el médico especialista en la piel) de vez en cuando.

Desde los antiguos griegos hasta el siglo xvii, en los albores de la ciencia, muchos creían que los lunares eran una especie de lenguaje que revelaba caracteres (no es cierto, es solo una diversión). Así es como los interpretaban:

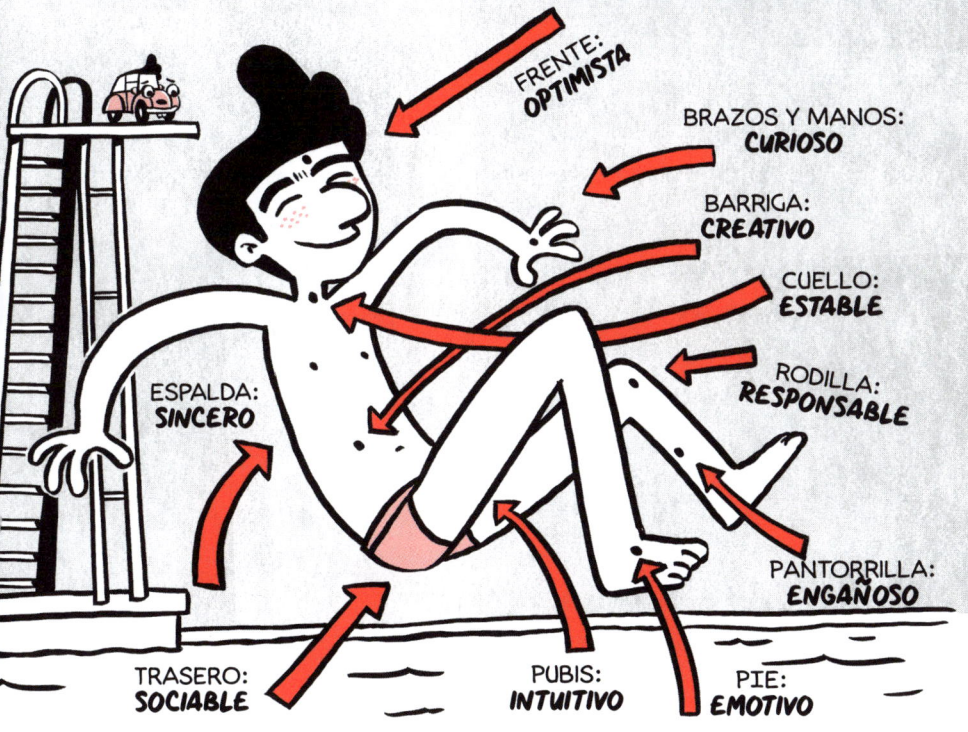

FRENTE: **OPTIMISTA**

BRAZOS Y MANOS: **CURIOSO**

BARRIGA: **CREATIVO**

CUELLO: **ESTABLE**

RODILLA: **RESPONSABLE**

ESPALDA: **SINCERO**

PANTORRILLA: **ENGAÑOSO**

TRASERO: **SOCIABLE**

PUBIS: **INTUITIVO**

PIE: **EMOTIVO**

Tu rostro

Tu rostro dice mucho de quién eres, aunque, aparentemente, esté hecho como todos los demás: tienes boca, nariz, dos orejas, dos ojos y dos cejas. Sin embargo, visto de frente y de perfil, eres diferente a todos los demás. Fue un señor francés, un tal Alphonse Bertillon, quien lo notó por primera vez cuando inventó las fotos policiales para perfilar a los criminales.

Y ¿sabes qué? Estás programado para reconocer los rostros de las personas casi desde que naces, incluso si en aquel entonces lo veías todo borroso. Y los distingues de todas las demás formas. Como en este dibujo:

Esta obsesión por los rostros nos ha llevado incluso a inventar seudociencias como la fisiognomía y la antropología criminal, basadas en la idea de que cierta forma del rostro se corresponde automáticamente con ciertos rasgos de personalidad.

«La fisiognomía y la antropología criminal no tienen ninguna base científica.»

Piensa que Charles Darwin casi no zarpó en el viaje en el que haría sus grandes descubrimientos porque al capitán del barco no le gustaba la forma de su nariz: estaba seguro de que correspondía a una persona débil y no quería que subiese a bordo. ¡Eso sí que es no ver más allá de la punta de la nariz!

Y ahora que ya sabes que lo que ves en el espejo está perfecto tal como está, ponte una mano en el pecho. ¿Qué sientes? Exactamente: algo que late.

TUMP TUMP TU
UMP
MP TU
TUMP 4 TU

¿POR QUÉ ME LATE TAN FUERTE EL CORAZÓN?

L o notas por la noche, de vez en cuando, acostado en la cama. También cuando corres y te detienes.

Es tu corazón latiendo. Lo hace entre 60 y 100 veces por minuto y nunca se detiene: es el ritmo de tu vida. Solo que, para disipar algunas ideas falsas, NO está a la izquierda, sino más bien en el medio, y NO tiene la forma de un corazón como solemos dibujarlo.

Es el músculo más fuerte de tu cuerpo; impulsa y sorbe la sangre, que viaja con sus nutrientes, los anticuerpos que nos defienden de los enemigos, las diversas medidas de emergencia (¡cuidado! ¡Alberto se ha vuelto a cortar!) y los desechos.

Late y bombea sangre por las autopistas de la sangre que recorren todo tu cuerpo.

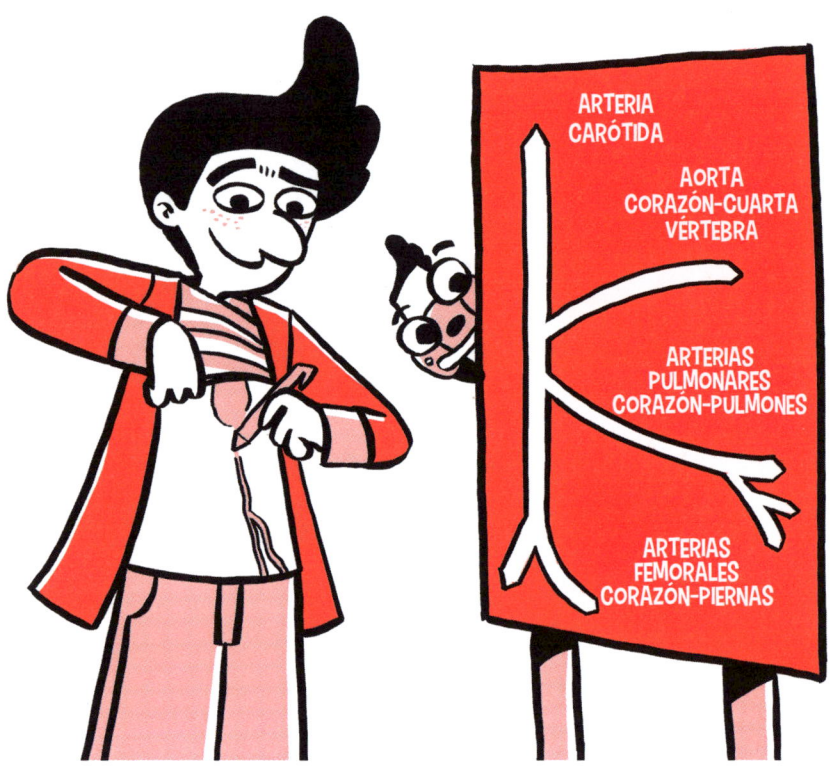

ARTERIA
CARÓTIDA

AORTA
CORAZÓN-CUARTA
VÉRTEBRA

ARTERIAS
PULMONARES
CORAZÓN-PULMONES

ARTERIAS
FEMORALES
CORAZÓN-PIERNAS

LA INVENCIÓN DEL CORAZÓN

El primer dibujo estilizado de un corazón aparece en un manuscrito del siglo XIII: el *Romance de la pera*, y más que un corazón... ¡es una pera!

El primer corazón «moderno» fue pintado por Giotto en la Capilla de los Scrovegni, en Padua, en 1305.

Cuestiones de sangre

Si tienes la misma suerte que la señora Jeanne Calment, que vivió 122 años y 164 días, la persona más longeva de todos los tiempos, tu corazón latirá cinco mil millones de veces. De lo contrario, puedes conformarte con tres mil quinientos millones. Digamos 42 millones de latidos al año, vamos. Pero cuando decimos que el corazón *late*, ¿qué significa exactamente?

El corazón es un músculo que se contrae y relaja continuamente, y su latido es el resultado de esta contracción. Tiene una fuerza tan asombrosa que si no estuviera sujeto en tu caja torácica, saltaría del pecho a tres metros de distancia, como una rana.

«Cada hora, el corazón mueve unos 250 litros de sangre.»

Cada hora mueve unos 250 litros de sangre, más o menos lo mismo que cabe en una bañera, y los transporta hasta la uña del meñique de tu pie izquierdo y hasta la parte superior de la columna vertebral para alimentar el cerebro, que es el órgano que consume más energía (más que todos los demás juntos).

Cuando te cansas, te emocionas, juegas como loco, haces deporte o comes, algunas partes del cuerpo necesitan más sangre de lo normal y el corazón late más rápido para satisfacer esa demanda.

Tiene más o menos el tamaño de un puño, y el de Alberto pesa un poco más que el de Isolda. Cuando sean adultos el de Alberto pesará unos 300 gramos, y el de Isolda, 250 gramos.

Está dividido en cuatro cámaras separadas por válvulas.

Las dos cámaras superiores se llaman *aurículas* y son como antecámaras que conducen a las inferiores, llamadas VENTRÍCULOS.

Funciona de este modo:

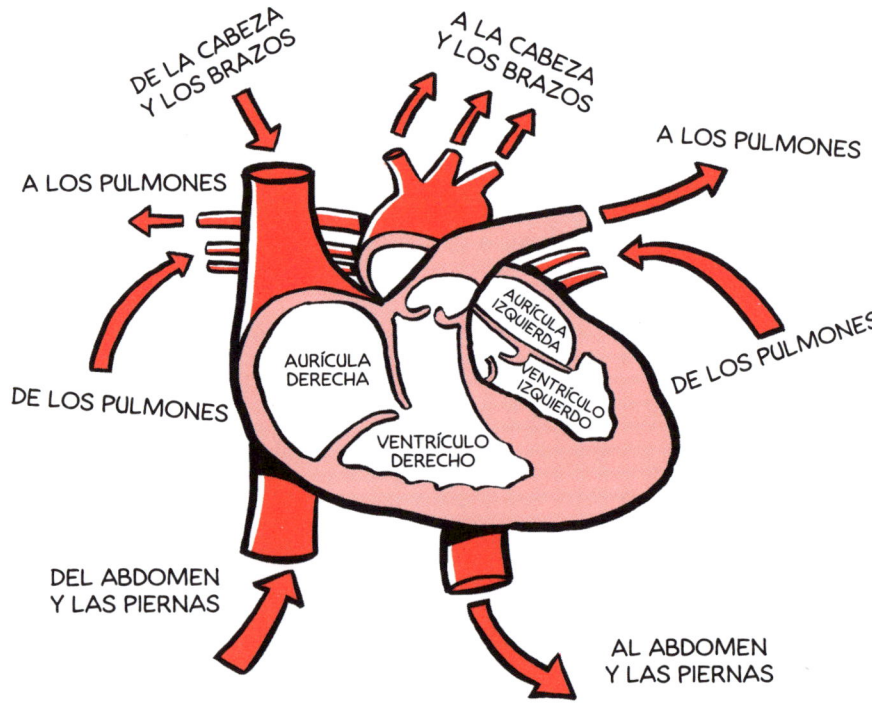

DE LA CABEZA Y LOS BRAZOS

A LA CABEZA Y LOS BRAZOS

A LOS PULMONES

A LOS PULMONES

DE LOS PULMONES

AURÍCULA IZQUIERDA

AURÍCULA DERECHA

VENTRÍCULO IZQUIERDO

DE LOS PULMONES

VENTRÍCULO DERECHO

DEL ABDOMEN Y LAS PIERNAS

AL ABDOMEN Y LAS PIERNAS

La sangre oxigenada procedente de los pulmones entra a toda velocidad en la aurícula izquierda. Desde allí, se dirige al ventrículo izquierdo y sale, por un lado, hacia la cabeza y los brazos, y por el otro, a la parte inferior del cuerpo.

De la misma manera, la sangre que regresa ya «gastada» en su recorrido entra en la aurícula derecha, pasa al ventrículo derecho y, desde allí, es impulsada hacia los pulmones para liberar dióxido de carbono (al exhalar) y reponer oxígeno (al inhalar).

Así pues, el corazón está formado por dos bombas gemelas: una encargada de la sangre más oxigenada (aurícula y ventrículo izquierdos) y otra de la sangre «vieja», para recargarla (aurícula y ventrículo derechos). Las dos bombas están protegidas por válvulas que garantizan que las aurículas y los ventrículos se abran y cierren al ritmo adecuado y que la sangre fluya siempre en la dirección correcta.

Sangre roja y sangre azul

La sangre que fluye por el cuerpo se compone princi-palmente de plasma, un líquido muy parecido al agua, pero más espeso. En el plasma nadan diferentes tipos de células: plaquetas, hormonas, glóbulos blancos y glóbulos rojos.

Las **plaquetas** son nuestros vendajes naturales. Cuando Alberto se cae y se hace un buen rasguño, pierde sangre. Mientras intenta no llorar, su corazón bombea sangre cargada de plaquetas hasta el punto donde se ha lastimado. Las plaquetas se enganchan entre sí como un muro de ladrillos e intentan detener la pérdida de sangre lo antes posible. Se forma una capa en la piel, luego una costra y, en una semana, Alberto está listo para lastimarse de nuevo.

Las **hormonas** son pequeños señalizadores químicos cuya función es desencadenar una serie de reacciones en el cuerpo. Hay hormonas que controlan la cantidad de agua en el cuerpo, la concentración de sales minerales, la temperatura y la digestión. Pero también el sexo y los mecanismos de reproducción.

Los **glóbulos blancos** o **leucocitos** son los policías del cuerpo humano y actúan como tales: se mueven por donde quieren y van allí donde alguien pide ayuda. ¡Ponen la sirena y ahí van a toda prisa! Pero ya hablaremos sobre este tema más adelante.

Los **glóbulos rojos** o **eritrocitos** son las células más abundantes en la sangre y, en esencia, son los encargados de transportar el oxígeno. Lo llevan sin parar a cada célula, en una especie de paquete llamado *hemoglobina*. Cada vez que respiras, los glóbulos rojos que pasan por los vasos sanguíneos de tus pulmones empaquetan el oxígeno, escriben en él la dirección de CADA célula de tu cuerpo y se disponen a transportarlo. Una vez realizada la entrega, reciben a cambio un paquete de dióxido de carbono, que devuelven a tus pulmones, donde lo descargan (y tú lo expulsas espirando).

Cuando la sangre va cargada de oxígeno, tiene un color rojo brillante. Las carreteras, autopistas y callejuelas por las que circula se llaman *arterias*.

En cambio, cuando la sangre está «vacía», es mucho más oscura y fluye por las *venas*: si te fijas bien en la parte inferior de la muñeca, deberías poder verlas; son las que tienen el característico color azulado.

De las arterias y venas más grandes, como en un sistema vial muy eficiente, se ramifican caminos cada vez más pequeños, los *capilares*, parecidos a una pequeña telaraña, que a veces puedes ver en los ojos, y que llegan a cada punto de tu cuerpo.

Colocados uno tras otro, todos estos pequeños caminos de la sangre dan dos vueltas al ecuador terrestre.

¿TIENEN LOS NOBLES LA SANGRE AZUL?

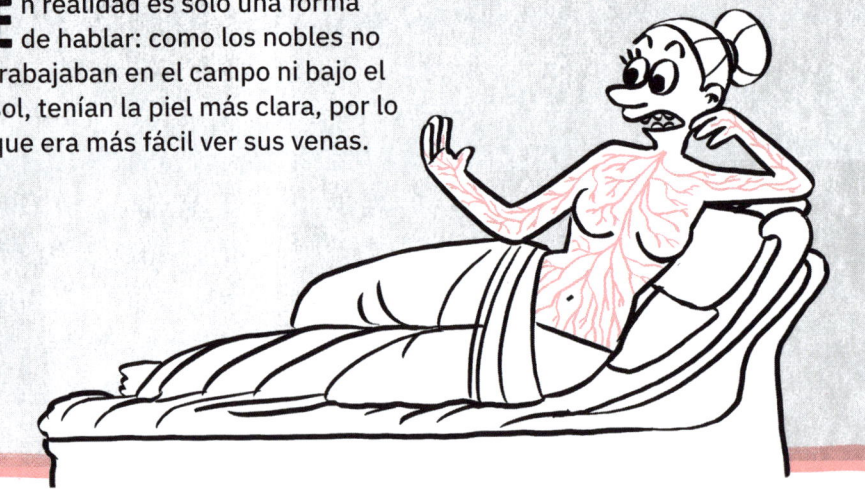

En realidad es solo una forma de hablar: como los nobles no trabajaban en el campo ni bajo el sol, tenían la piel más clara, por lo que era más fácil ver sus venas.

Los equipos de la sangre

En un tiempo se creía que muchas enfermedades podían curarse extrayendo sangre (este procedimiento se llamaba *sangría* y, en ocasiones, se hacían aplicando sanguijuelas, pequeños animales que chupan la sangre).

Hoy, sin embargo, solemos hacer lo contrario, es decir, aportar sangre al cuerpo, con *transfusiones*. Para ello, se necesitan donantes. Cuando cumplas 18 años, recuerda esto: si te haces donante podrás ayudar a quién sabe cuántas personas.

DESCIFRAR

Antes de reposar en el bazo, que los almacena y recicla, cada glóbulo rojo realiza al menos 150.000 entregas y recorre 160 kilómetros por tu interior.

Sin embargo, debes tener en cuenta que tu sangre no es necesariamente la misma que la de Alberto o la de Isolda. Tenemos diferentes grupos sanguíneos, y los más conocidos se indican con las letras A, B, AB y 0 (cero). Es como si en la sangre cada persona tuviera una tarjeta de identidad, llamada *antígeno*, que permite a las defensas del cuerpo reconocerla como tuya. Si tus glóbulos blancos detectan que la sangre es diferente de la tuya, ¡pueden reaccionar muy mal! Por eso, no puedes intercambiar sangre con cualquiera.

¡AAAAHHHH! ¡SANGUIJUELAS!

Otro de los antígenos más importantes es el Rh, que puede ser positivo (+) o negativo (−). Otros son más tranquilos y pacíficos, y tienen nombres como figuras de Pokémon (Kell, Giblett...). Así funcionan los grupos y el Rh para las donaciones:

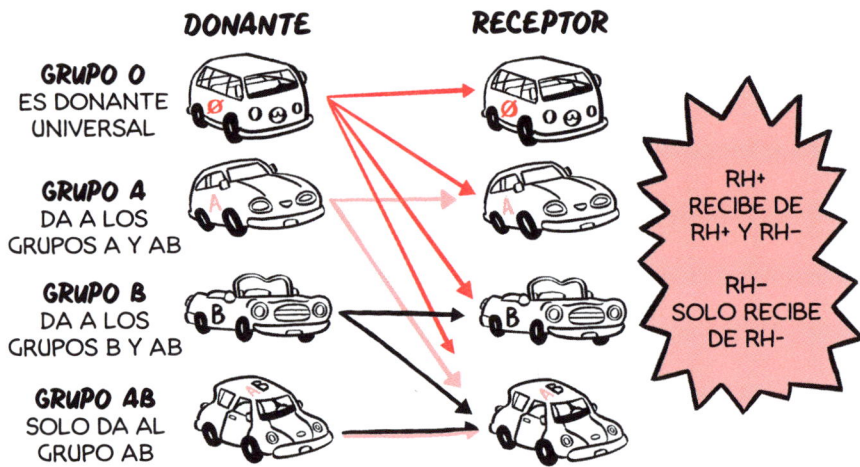

DONANTE **RECEPTOR**

GRUPO O
ES DONANTE UNIVERSAL

GRUPO A
DA A LOS GRUPOS A Y AB

GRUPO B
DA A LOS GRUPOS B Y AB

GRUPO AB
SOLO DA AL GRUPO AB

RH+ RECIBE DE RH+ Y RH−

RH− SOLO RECIBE DE RH−

¡Respira por la nariz!

Mientras leías esta última página, has inhalado y exhalado unas 15 veces. Cuando corres, lo haces unas 70 veces por minuto.

Tus pulmones son como bolsas vacías. Al respirar, los músculos del pecho lo estiran y lo contraen para permitir que el aire entre y salga por la tráquea, el conducto que conecta la nariz con la boca.

El diafragma lo controla todo: si quieres sentirlo, mete la barriga todo lo que puedas y pon una mano debajo de las costillas. ¿Notas ese músculo? Es él: dicta el ritmo de tu respiración, haciendo que la parte superior de tu cuerpo se expanda y contraiga, mientras que por debajo puede ayudarte a vomitar o a hacer caca.

Cada vez que inhalas, en tu cuerpo entran muchas sustancias diferentes: alrededor del 78 % es nitrógeno, el 20 %, oxígeno, entre el 1 y el 6 %, vapor de agua, y luego, pequeñas cantidades de contaminación, polvo, bacterias, virus... Y por eso es mucho mejor respirar por la nariz: no solo tiene una serie de pelillos que retienen buena parte de la suciedad y dejan pasar casi solo el aire puro, sino que también se encarga de calentarlo si hace mucho frío y de humidificarlo si está muy seco.

Respirar por la nariz y al ritmo adecuado (cada uno tiene el suyo) y, en general, ralentizándolo, ayuda a que el corazón no lata como un loco y, por lo tanto, mejora la circulación sanguínea, nos hace dormir mejor y, según algunos investigadores, nos hace hacer mucho menos pipí por la noche y nos ayuda a digerir de forma más eficiente.

UN REMOJÓN ENTRE BASURA

Cuida bien de tus pulmones: no fumes e intenta convencer a quienes fuman de que lo dejen. Para disfrutar del ligero efecto excitante de la nicotina, una droga presente en las hojas de tabaco, los fumadores se dañan los pulmones para siempre con alquitrán y otras sustancias nocivas.

Fumar es como tener una piscina fantástica en casa y tirarle una bolsa de basura todos los días.

5

¿POR QUÉ TENGO LA CABEZA DURA?

Y no solo la cabeza, por suerte. Además, en comparación con la de Alberto o la de Isolda, la tuya no es la peor.

De todos tus huesos, los del cráneo están entre los más fuertes. Y menos mal, ya que tienen la tarea de proteger el cerebro, que es tu centro de procesamiento de datos: recibe todo lo que puedes saber y transmite todo lo que sabes. Y todo esto casi a la velocidad de la luz. El cerebro es tan importante que le hemos dedicado todo un libro de esta colección: *¿Qué tenemos en la cabeza?* (por cierto, ¿sabías que el cerebro no es solo el que está dentro de tu cráneo? Es así, créeme... o busca el libro de la colección sobre el cerebro), y por eso ahora no hablaremos de él.

Volvamos a tu duro cabezón: el cerebro piensa, los nervios transmiten información, pero si te mantienes en pie y te mueves, más o menos en equilibrio, es gracias a tu esqueleto, es decir, al conjunto de tus huesos.

¡Más que hormigón!

Tus huesos están diseñados para ser muy ligeros y a la vez muy resistentes. Son literalmente más fuertes que el hormigón y pesan muchísimo menos; pueden romperse, pero se reparan solos. Además, son muy flexibles, así que cuando Alberto se cae, no corre el riesgo de romperse una pierna cada vez. Pero bueno, de todos modos, si mete un dedo en el enchufe...

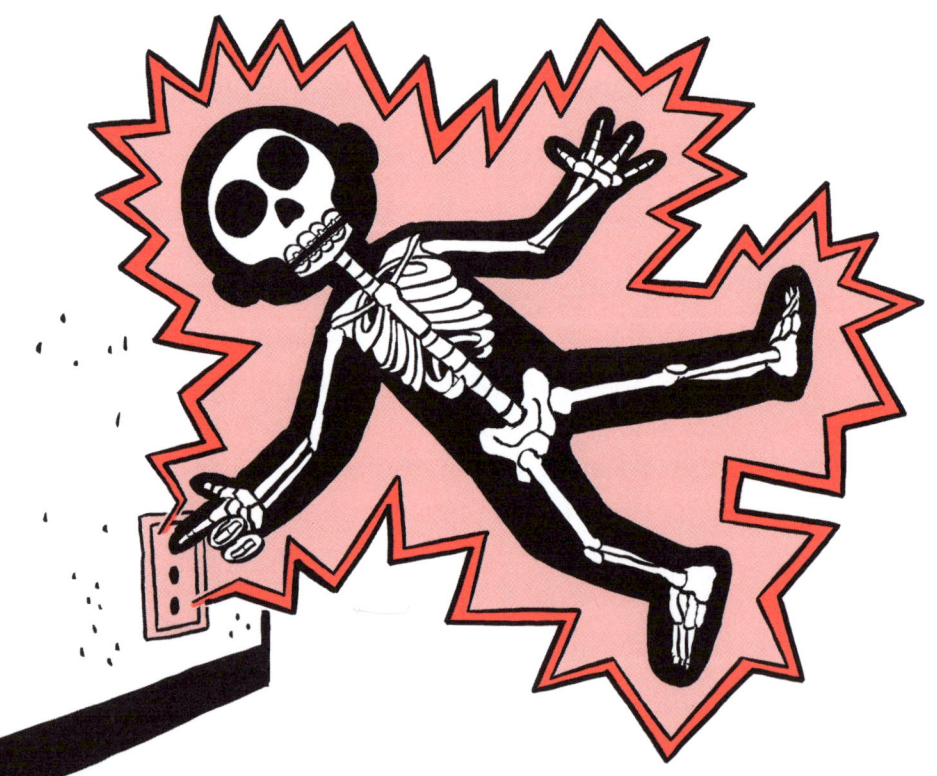

Esqueleto axial: es el elemento central del cuerpo y está formado por el cráneo (que protege el encéfalo), la columna vertebral (que sostiene la espalda), el esternón y la caja torácica (que protege los órganos internos).

Esqueleto apendicular: está formado por los huesos de los brazos, las piernas y la cadera.

DESCIFRAR

En tu cuerpo hay 206 huesos, 52 de los cuales solo en tus pies y 54 en tus manos. Cuando naciste tenías más, unos 300, pero al crecer, algunos se han ido fusionando.

Los huesos están compuestos principalmente de calcio, fosfato y una proteína llamada *colágeno*. Se unen entre sí mediante articulaciones, que están formadas por *ligamentos* y *cartílago*, con un sistema de palancas que les permite moverse en una u otra dirección. Y se mueven gracias a los músculos, que se unen a los huesos mediante tendones. En resumen: los tendones conectan los músculos con los huesos, los ligamentos conectan unos huesos con otros huesos y el cartílago facilita el movimiento.

Ratones forzudos

Tus huesos te mantienen en pie, pero para moverte necesitas músculos. Para ser precisos, usas unos 752 músculos diferentes.

Los **MÚSCULOS** funcionan contrayéndose o relajándose. Los usas constantemente: para sentarte y levantarte necesitas cien; para mover los ojos, una docena; para las manos, no menos de diez. Los necesitas para aguantarte la orina y para leer estas líneas en voz alta; pruébalo: estás usando setenta.

Tú, Alberto e Isolda tenéis tres muy especiales: se llaman *extensor corto del pulgar*, *flexor largo del pulgar* y *primer interóseo*. Son los que te permiten mover el pulgar, el único de tus dedos que apunta en una dirección diferente a los demás, y por eso se le llama *oponible*.

Fue uno de los dos grandes logros de tus antepasados (el otro fue aprender a caminar sobre dos piernas), porque les permitió manipular objetos.

Los músculos son de dos tipos:

Involuntarios: están compuestos de tejido liso y se encuentran en las paredes de los vasos sanguíneos y algunos órganos internos, como los intestinos. Como su nombre indica, se mueven por sí solos, sin que te des cuenta (pero tu cerebro sí).

BLURG!

Voluntarios: su tejido está compuesto por bandas claras y oscuras, por eso se les llama estriados. Los mueves con solo pensarlo (al menos un poco), y pueden activarse mucho más rápido que los involuntarios.

El corazón se encuentra en un punto intermedio entre estos dos tipos porque, aunque es involuntario, está compuesto de tejido muscular estriado.

El sistema formado por los músculos, tendones y huesos es perfecto para realizar una gran cantidad de movimientos, algunos habituales y sencillos, otros realmente complejos, de esos que requieren entrenar el cuerpo y la mente durante quién sabe cuántas horas para dominarlos.

Todos nos movemos, pero pocos lo hacemos realmente bien.

Tu esqueleto, por ejemplo, puede mantenerte de pie sin esfuerzo, solo con el equilibrio. Y cuando aprendes a usar bien las palancas naturales de tu cuerpo, puedes realizar muchos movimientos sin cansar todos tus músculos.

En resumen, intenta pensar no solo en moverte, sino también en cómo te mueves. Ahorrarás energía y te moverás más y durante más tiempo.

¿POR QUÉ CAMINO?

¿Sabes la verdad? No tenemos ni idea.

Sabemos por qué bailamos, corremos, saltamos, nadamos (porque hay buena música, porque es tarde, porque hay un arroyo, porque saltaste mal y ahora estás dentro del arroyo), pero no solemos preguntarnos por qué empezamos a caminar erguidos. Sabemos que caminar nos permitió liberar las manos, y que es algo muy difícil: hay que mantener el equilibrio sobre dos superficies relativamente pequeñas (mira tus pies, ¿qué número tienes?), inclinarse hacia delante e inmediatamente recuperar el equilibrio con las piernas, pero también con los brazos, las manos, los hombros... En resumen, es algo en verdad complicado, como te diría cualquier niño que esté dando sus primeros pasos.

Caminar es uno de los movimientos más importantes que aprendes a hacer, que todos hacemos y que casi todos hacemos mal. Si te fijas en cómo se desgastan tus zapatos, lo notarás enseguida: a veces por el lado interior, a veces por detrás, a veces por delante. ¿Por qué? Porque caminas con un desequilibrio en el peso o con los pies mal apoyados en el suelo.

Sin embargo, todo tu cuerpo está diseñado para esto: los músculos más grandes son los que tienes en los glúteos, porque son los que mueven las piernas. También tienes el famoso tendón de Aquiles, en el talón, que te ayuda a estabilizarte cuando estás de pie (¿sabías que los simios no lo tienen?).

Tu pie está arqueado, así que puedes balancear tu peso hacia delante y hacia atrás con facilidad (inténtalo: ¿pierdes el equilibrio? ¡Ay, creo que necesitas hacer gimnasia!).

Tienes la espalda arqueada y el cuello largo, unido al resto del cuerpo por un ligamento muy fuerte, el de la nuca, que ayuda a mantener la cabeza quieta y erguida al caminar rápido y al correr. Y esto es otra cosa increíble: correr.

MI NÚMERO ES EL...

La primera fábrica en producir zapatos con tallas fijas fue, en 1892, la inglesa Mansfield Shoe Company. Cada número, o talla, era 8,4 milímetros mayor que el anterior, y así ha permanecido como la numeración inglesa.

Los franceses, en cambio, introdujeron una numeración que aumentaba de talla cada 6,6 milímetros, y es la que se sigue utilizando en España y en otros países de Europa.

Correr y lanzar

Empezamos a correr hace apenas dos millones de años, porque es un movimiento completamente diferente al de caminar.

Correr te ha permitido aprender también a hacer otras cosas: a huir cuando tenías que hacerlo y a perseguir a la presa que huía cuando eras tú quien cazaba. Correr está vinculado a otra actividad muy importante del cuerpo: la capacidad de lanzar objetos.

Agarra algo y lánzalo. Sencillo, ¿verdad? Un poco menos sencillo sería explicarle a Alberto por qué decidiste tirar su móvil por la ventana... pero bueno, ese es otro problema. Y te estarás preguntando: ¿qué tiene que ver correr con esto? Puedo lanzar algo incluso estando quieto.

Cierto, pero si lanzas estando quieto, no das potencia. En cambio, si corres y lanzas, lo que lanzas se convierte en un arma, en algo peligroso.

Pruébalo: agarra una piedra y lánzala quedándote quieto contra una pared. Ahora repite el lanzamiento, pero con un poco de impulso. ¿Qué ha cambiado?

Vaya... ¿que has roto las ventanas de la señora Josefa? ¡Corre!

¿Ahora entiendes la conexión entre lanzar y correr?

En cualquier caso, lanzar es una actividad completa que pone en movimiento todos los músculos.

GRANDES MISTERIOS

ay muchas preguntas sobre
nuestro cuerpo que aún no han
recibido una respuesta adecuada.
Por ejemplo...

¿Por qué bostezamos y por qué es
contagioso? (Hay quienes creen
que es para sincronizar el sueño
entre personas que viven juntas).

¿Por qué
tenemos mentón?

¿Por qué tenemos huellas
dactilares diferentes?

BOH

Por qué se arrugan los dedos
después de
estar un rato
en el agua?

¿Para qué sirve el apéndice?
(Quizás sea un remanente de
un antiguo sistema inmunitario,
descartado hace
mucho
tiempo).

AUNQUE
NADIE SEPA
PARA QUÉ
SIRVE,
SI TE DUELE
TENEMOS QUE
EXTIRPARLO.

¿Por qué algunas personas se
quedan calvas y otras no?

BOH

¡A moverse!

Estar activo y mover los músculos es muy bueno. Una hora de movimiento muscular al día (como correr) prolongará tu vida 4,2 años. Y mejorará tu estado de ánimo.

La actividad física que realices depende de ti: hay decenas, si no cientos, de expertos en gimnasia, entrenadores y fanáticos de los músculos que tienen su propia respuesta. El yoga es una forma de gimnasia que ayuda a relajar los músculos, y eso es genial. Correr es una forma maravillosa de conectar con tus pensamientos y tu respiración.

Lo importante es moverse todos los días, al menos un poco. Y al menos durante una hora cada dos o tres días. Los espartanos, considerados los mejores soldados de la antigüedad, entrenaban por su cuenta con su propia gimnasia especial, que prácticamente no requería ningún equipo. Su forma de entrenar ha vuelto a ponerse de moda gracias a unos presos que, en prisión, querían mantenerse en forma, y que, al salir, se convirtieron en los instructores más exclusivos de Nueva York, lanzando la «calistenia», una gimnasia de hermosos movimientos que sirven para mantenerse en forma y para aumentar de forma natural la fuerza del cuerpo.

Lo importante es usar el cuerpo todos los días, al menos un poco. Y no tienes que volverte un fanático del gimnasio para sentirte bien. Simplemente recuerda calentar los músculos antes de practicar deporte y estirarlos después, aunque solo sean cinco minutos.

Usa las escaleras. Si vives en un edificio de varias plantas, ya tienes el mejor entrenamiento del mundo. ¡Pasa del ascensor! ¿Y si vives en la planta baja? ¡Sube al primer piso y luego baja!

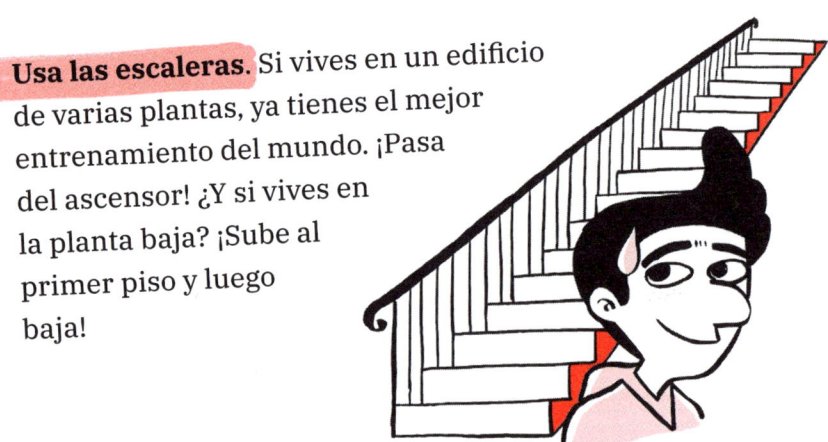

Nada. De todas las actividades que puedes hacer, nadar es quizás una de las más útiles y equilibradas, porque el agua te sostiene y te obliga a usar casi todos tus músculos.

Camina. Si correr no te gusta mucho, al menos camina. Un par de kilómetros al día son como una manzana: te mantienen alejado del médico.

Reta a un amigo. ¿Por qué querrías mantenerte en forma solo? Encuentra amigos y organiza retos semanales o mensuales de tu actividad física favorita.

Cuanto más te muevas, más energía necesitarás, más bebidas y alimentos. Por cierto: ¿ya es hora de merendar?

7

¿POR QUÉ ME GUSTA COMER?

Lo cierto es que, como otras cosas esenciales para la vida, tu cuerpo lo ha convertido en algo muy placentero.

Así que la respuesta es: porque *tienes que* comer.

Y por suerte, te gustan muchas cosas.

Lo que comes es tu fuente de energía, el combustible con el que funciona la máquina que es tu cuerpo y, junto con el aire y el agua, es lo que te permite mantenerte vivo. Por eso, durante milenios, pasamos gran parte del día buscando algo que llevarnos a la boca.

Pero tampoco se trata de comer siempre todo lo que te gusta, porque a veces comes por gula, no por necesidad. Pero al aprender sobre la comida, tus gustos y lo que les sucede a los alimentos al tragarlos, puedes entender mejor cómo controlarte.

Para vivir mejor, tienes que comer mejor, y punto. Puede parecer complicado —¿cuántas veces has oído hablar de alguna dieta milagrosa para estar más fuerte, más delgado, más...?—, pero en realidad es muy sencillo.

Y el verdadero objetivo es solo uno: sentirte bien. Solo tienes que elegir el combustible adecuado.

¿Y tú, qué usas como gasolina? ¿Qué dices? ¿Bebidas energéticas? Noooo, créeme, pasa de ellas: son una bomba de azúcares y estimulantes que aceleran, sin motivo alguno, el ritmo cardíaco. El agua es mucho mejor...

¡VERDADERO Ó FALSO?

Beber mucho siempre es bueno.

FALSO. Beber unos dos litros y medio de agua al día, directamente o con la comida, está bien. Pero si bebes más, tus riñones tendrán que trabajar más y no podrán eliminarla con la suficiente rapidez.

La comida entra por los ojos (y por la nariz)

Antes de meterte un buen bocado en la boca, lo miras y lo hueles. Y te creas expectativas, un poco como cuando te hacen cosquillas. Por eso, los niños suelen desconfiar de los platos con demasiados ingredientes mezclados: no saben qué esperar, porque aún no han desarrollado el gusto. Y lo hacen de forma diferente según el país en el que crecen: los niños indios, por ejemplo, tienen una tolerancia mucho mayor al picante que los europeos, ya que comen picante desde pequeños.

Si quieres comprobar lo importantes que son tus ojos y tu nariz, compra un paquete de gelatinas de sabores variados. Luego, tápate la nariz, cierra los ojos e intenta reconocerlos. Difícil, ¿verdad?

¡CÓMO QUEMA!

El picante lo aporta una sustancia, la capsaicina, que ayuda a reducir la presión arterial y combate la inflamación, pero puede arder mucho. El señor Scoville inventó la escala que mide el picor (o *pungencia*): un pimiento tiene entre 50 y 100 puntos Scoville; el chile poblano alcanza los 1.000; los jalapeños y los pimientos de Padrón llegan a 5.000. ¡El chile habanero puede llegar a 500.000!

Pero ¿de qué están hechos los alimentos?

Sean cuales sean tus recetas favoritas, los nutrientes que puedes asimilar son siempre los mismos, a saber:

Carbohidratos. Abundan en la pasta, el pan y la pizza. Son la principal fuente de energía. Se dividen en azúcares simples (glucosa y fructosa), que se asimilan rápidamente, y azúcares complejos (como el almidón), que tardan más en absorberse y te mantienen saciado por más tiempo.

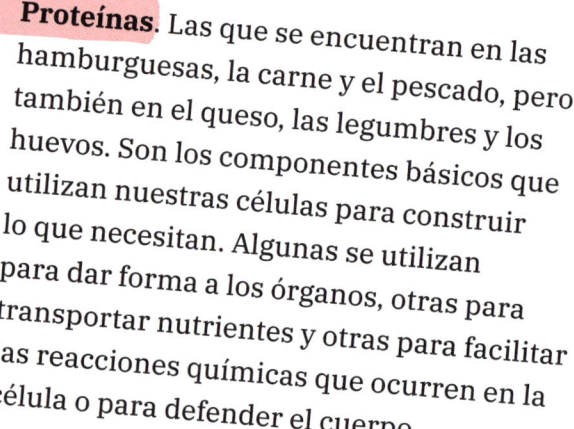

Proteínas. Las que se encuentran en las hamburguesas, la carne y el pescado, pero también en el queso, las legumbres y los huevos. Son los componentes básicos que utilizan nuestras células para construir lo que necesitan. Algunas se utilizan para dar forma a los órganos, otras para transportar nutrientes y otras para facilitar las reacciones químicas que ocurren en la célula o para defender el cuerpo.

Grasas. Son una buena parte de la comida basura que tanto te gusta. No son malas en sí mismas, de hecho son indispensables, pero el problema radica en su cantidad y calidad. El aceite de oliva, por ejemplo, tiene propiedades saludables. Son reservas energéticas de absorción lenta y te permiten resistir los periodos de ayuno. Pero si te excedes, «se quedan en la barriga».

Vitaminas. Fruta fresca, verduras, hígado, alimentos crudos o poco cocinados... Sí, tal vez ya hayas dicho «puaj». Contienen 13 moléculas indispensables que tu cuerpo no puede producir por sí solo, excepto la vitamina D (y esta solo si te expones al sol), y por lo tanto debes obtenerlas del exterior. Tienen muchas funciones, no todas muy claras, pero sabemos con certeza que su falta puede provocar enfermedades graves (como el escorbuto, debido a la falta de vitamina C). Las denominamos con una letra del alfabeto (A, B, C, D, E, K), a la que a veces se le añade un número (B1, B2, B6 y B12).

Minerales. Fósforo en el pescado, calcio en la leche, magnesio en las legumbres, hierro y zinc en la carne, yodo en la sal, selenio en los frutos secos... Todos cumplen una infinidad de funciones y, cuando faltan, también deben aportarse.

Sustancias fitoquímicas. Se usan a menudo para añadir sabor (como el ajo) o color (como el naranja de las zanahorias) a los alimentos. No nutren, pero acompañan a los alimentos en el cuerpo y ayudan a que sean más efectivos en la dieta. También mejoran la apariencia de los alimentos, lo cual es beneficioso.

Fibra. Se encuentra en todas las frutas, verduras y alimentos integrales. No se digiere en el estómago, sino que pasa tal cual a los intestinos, donde absorbe agua como una esponja y los mantiene limpios. La fibra ayuda a defecar sin mucho esfuerzo y protege de muchas enfermedades que podrían presentarse en el futuro.

Se come con la boca

Y esta noche... ¡pizza!

La disfrutas con la vista, la hueles, te preguntas cómo se come Alberto esa con triple de cebolla y anchoas y cómo la riega Isolda con aceite picante, pero da igual. Lo interesante de la pizza es que está cocinada. Y cocinar fue un invento decisivo: cocinar la comida la vuelve sabrosa (mordisquea una patata cruda... si puedes), más fácil de masticar y digerir (si no, tendríamos que pasar seis horas más al día masticando) y, sobre todo, elimina toxinas. Pero también elimina muchas vitaminas, así que no todo tiene que cocinarse mucho tiempo.

LAS CALORÍAS

Cada persona tiene una necesidad de energía diferente, y esta se expresa en *calorías*. Esta medida se empezó a usar en la segunda mitad del siglo XIX con el objetivo de determinar qué alimentos producían más calorías y, por lo tanto, eran un mejor combustible. Hoy en día, en muchos países donde el bienestar está muy extendido, las usamos como referencia para el propósito contrario: controlar la cantidad de energía que ingerimos y evitar excedernos.

Después de morder, empiezas a masticar y las *papilas gustativas* de la lengua envían un mensaje al cerebro: «¡Qué rico!». Piensa en ellas como diez mil detectores repartidos por la lengua que se usan para identificar dulce, salado, ácido, amargo y umami (una palabra japonesa que significa agradable, sabroso, pleno y jugoso). No es cierto que la punta de la lengua sienta el dulce, y la base, lo amargo: toda la lengua lo siente todo. Así que adelante, mastica, por favor. Cuanto más mastiques y amases la comida con saliva, mejor.

Por cierto, produces 250 bañeras de saliva a lo largo de tu vida, así que debe de ser útil, ¿no? Junto con los dientes, la saliva descompone los alimentos en trozos más pequeños.

ALGUNOS CONSEJOS PARA SENTIRSE BIEN

A todos nos gusta comer dulces y comida basura en general. Pero... bueno, ¡es basura y siempre lo será! Intenta adquirir buenos hábitos, poco a poco, sin prosa. Elige alimentos sencillos en lugar de procesados y llenos de condimentos...

* ... y elige alimentos frescos en lugar de envasados.
* Come verduras y frutas: sacian, son ricas en agua, fibra, vitaminas y sales minerales.
* Céntrate en la variedad. ¿Te gustan las alubias rojas? Prueba también las judías canarias, las pochas, las judías pintas y las judías verdinas.
* Come huevos, queso, pescado y carnes blancas (pollo, pavo y conejo).

* Intenta no comer demasiada carne roja (ternera, cerdo).
* Evita los embutidos y las carnes procesadas industrialmente: tienen mucha sal. Y bueno, de vez en cuando no puedes decir que no al salchichón del abuelo, pero no te pases, ¿vale?

* ¿Dulces? Vale, pero solo un día a la semana, vaya, ¡el día del azúcar!

EL DÍA DEL AZÚCAR

8

¿QUÉ TENGO EN LA BARRIGA?

E stá buena la pizza, ¿eh? Venga, a zampársela.

En el 99 % de los casos, todo irá bien. Al tragar, se activa una protuberancia maravillosa en la garganta, la epiglotis, que impide que la comida entre accidentalmente en la tráquea, que es el tubo que lleva el aire a los pulmones. Pero de vez en cuando, el bocado «se te va por el otro agujero», toses, te retuerces, se te salen los ojos de las órbitas.

¿Qué hacer cuando pasa esto? Levanta las manos, como si te rindieras a la policía. Esto ayuda a tragar correctamente.

En la garganta ocurren al menos tres cosas muy importantes: el aire entra y sale, la comida entra y sale (al vomitar) y se forman las palabras que pronuncias.

LAS CUERDAS VOCALES

Hablar es algo muy complejo, un proceso orquestado por la laringe, una pequeña caja de 30 a 40 milímetros de tamaño que contiene dos ligamentos llamados *cuerdas vocales*, que se agitan y chasquean cuando el aire pasa a través de ellas y así producen sonidos que luego se refinan con la lengua, los dientes y los labios.

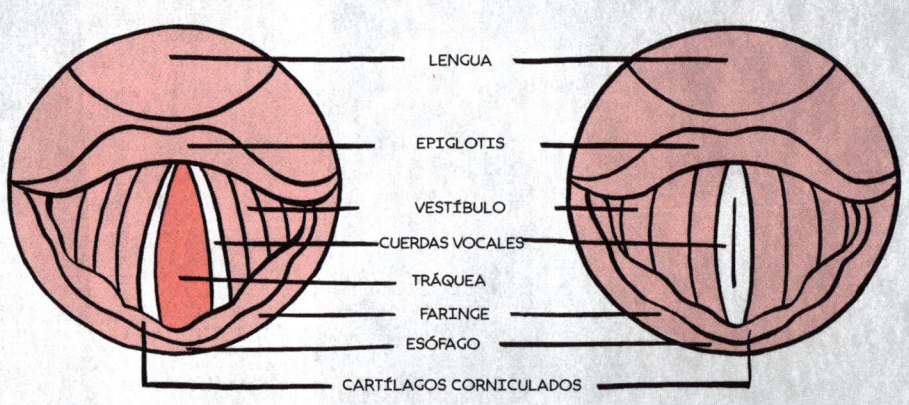

LENGUA
EPIGLOTIS
VESTÍBULO
CUERDAS VOCALES
TRÁQUEA
FARINGE
ESÓFAGO
CARTÍLAGOS CORNICULADOS

¿Qué le sucede a la pizza?

Tras pasar por la garganta, el bocado baja por todo el esófago y llega al estómago, donde los jugos gástricos lo atacan, lo descomponen y lo desinfectan. La pizza se convierte en una papilla llamada *quimo*.

Después de unas 4 horas, el quimo pasa al intestino delgado, donde permanecerá otras 7 horas.

Aquí comienza la absorción: el intestino es un tubo de unos siete metros, revestido en su interior por pliegues muy densos llamados *vellosidades*, que recogen las sustancias y las pasan a los vasos sanguíneos para nutrir todo el cuerpo.

En el caso de Alberto, permanece allí unos tres días, y unos cinco en el de Isolda.

La comida se absorbe poco a poco; las vitaminas al final, mientras que las fibras permanecen allí.

Los últimos restos se compactan y se convierten en heces, que luego serán empujadas hacia la parte final del intestino, el colon, donde te pedirán que las expulses con una serie de pequeños empujones. ¡Y si comes una buena cantidad de fibra, no debería ser tan difícil!

¿VERDADERO Ó FALSO?

El estómago ruge.
FALSO. No es el estómago el que ruge, sino los intestinos, y los ruidos que oyes se llaman borborigmos, una palabra que imita el sonido. Te indican que hay demasiado aire en el vientre.

Un laboratorio muy eficiente

En el abdomen, es decir, en la parte inferior del tronco, hay muchas cosas interesantes. Podemos empezar por el hígado, que facilita la digestión mediante la producción de un jugo ácido llamado *bilis*. El hígado filtra todas las toxinas, reserva vitaminas, produce hormonas y proteínas importantes y acumula reservas de azúcar para verterlas en la sangre cuando, por ejemplo, no desayunaste porque llegaste tarde y necesitas un poco de energía extra para correr tras el autobús.

También es el encargado de clasificar el colesterol, una grasa presente en los alimentos de origen animal, necesaria para todo el cuerpo, pero que en exceso puede resultar peligrosa, ya que tiende a depositarse en las paredes internas de los vasos sanguíneos, formando «tapones» que obstruyen la circulación.

EL **BAZO** SE HALLA A LA IZQUIERDA DEL ABDOMEN.

Y si se bloquea una vía importante, que tal vez va al corazón o al cerebro, ¡estamos fritos! El hígado recibe, analiza, organiza, almacena y libera. Es la central de análisis del cuerpo. Y tiene un don muy especial: si por alguna razón hay que extirpar una parte, la parte restante crece hasta recuperar el tamaño adecuado (y nadie sabe cómo lo hace).

Luego están el páncreas y el bazo (que es el que duele cuando se corre demasiado). El primero es muy importante, el segundo no tanto: se puede vivir sin él, aunque sirve para retirar glóbulos rojos y aumentar la eficiencia de los glóbulos blancos. El páncreas, por su lado, produce, entre otras cosas, insulina, una hormona que regula la concentración de azúcar en la sangre.

EL **HÍGADO** SE HALLA A LA DERECHA DEL ABDOMEN.

AQUÍ ESTÁ EL **PÁNCREAS**.

Los tubos de escape

Tu cuerpo expulsa muchísimas cosas innecesarias, y no solo a través de los «tubos de escape» (y tienes dos, uno delantero para el pipí, u orina, y otro trasero para la caca, o heces). Expulsas sudor por la piel, dióxido de carbono de los pulmones, sal con las lágrimas, cerumen en los oídos y mocos en la nariz, muy útil contra las bacterias. Y luego tienes al menos un litro y medio de gas en la barriga, que expulsas de vez en cuando (y no siempre en silencio). Se trata de ventosidades, que expulsas con los pedos, una mezcla de dióxido de carbono, hidrógeno y nitrógeno inflamable.

La caca es una mezcla maloliente de bacterias vivas y muertas, fibras y diversos tipos de residuos.

PINCHAZOS MILAGROSOS

La diabetes es una enfermedad relacionada con un exceso de azúcar en la sangre, y al menos hasta 1920 era peligrosísima.

Luego, el doctor Banting y su ayudante Charles Best, con una serie de increíbles golpes de suerte, lograron aislar la insulina y reproducirla, lo que permitió a los diabéticos curarse con mucha más facilidad. Quizás tengas algún amigo que se pincha insulina antes de comer: se inyecta la insulina que su páncreas no produce.

La orina sale de los riñones (para mayor seguridad, tienes dos; con uno basta, pero mejor ir sobre seguro). Están detrás de los intestinos, en la parte baja de la espalda, y su forma recuerda a la de dos alubias. Sirven para filtrar y limpiar la sangre de sustancias tóxicas o inútiles que, junto con el exceso de agua, llegan a la vejiga. Para funcionar bien, los riñones necesitan la cantidad adecuada de agua: ni demasiada ni muy poca.

LOS **RIÑONES** ESTÁN AL LADO DE LA COLUMNA VERTEBRAL

EL **RIÑÓN DERECHO**, BAJO EL HÍGADO

EL **RIÑÓN IZQUIERDO**, BAJO EL BAZO

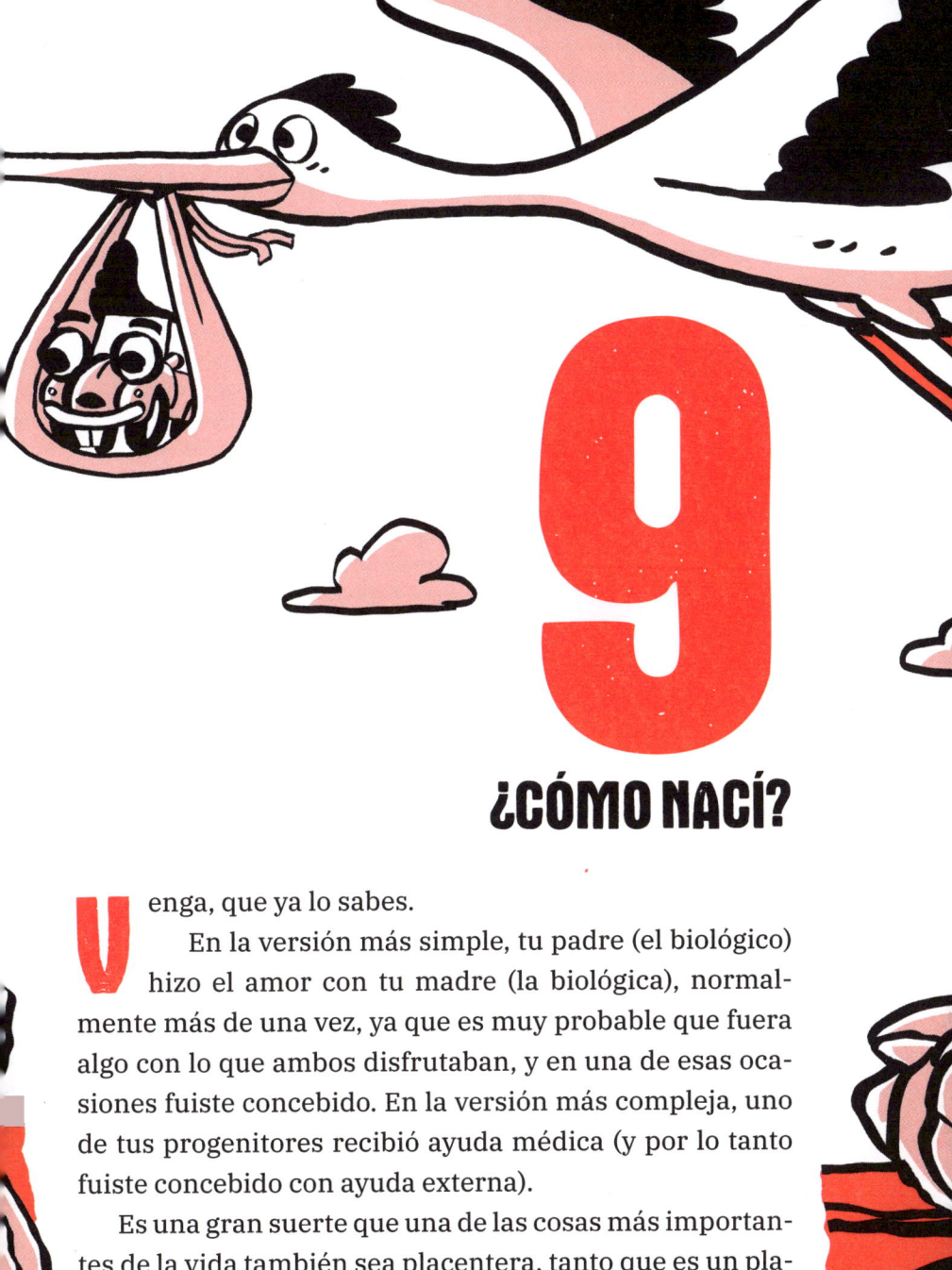

9

¿CÓMO NACÍ?

Venga, que ya lo sabes.

En la versión más simple, tu padre (el biológico) hizo el amor con tu madre (la biológica), normalmente más de una vez, ya que es muy probable que fuera algo con lo que ambos disfrutaban, y en una de esas ocasiones fuiste concebido. En la versión más compleja, uno de tus progenitores recibió ayuda médica (y por lo tanto fuiste concebido con ayuda externa).

Es una gran suerte que una de las cosas más importantes de la vida también sea placentera, tanto que es un placer hacerlo por cualquier razón, no solo para dar vida a un nuevo cachorro.

Que a primera vista puede ser macho o hembra según su sexo biológico, es decir, la apariencia de sus genitales. Otra historia será más adelante la elección de la identidad de género, que puede o no coincidir con el sexo y depende de cómo se perciba e identifique cada uno.

Además, a veces la naturaleza resulta ser mucho más

LAS PALABRAS QUE USAMOS

En español, como en todos los idiomas, hay muchísimas palabras que se usan para referirse a los órganos sexuales. Algunas son eufemismos (palabras más suaves para no decir la palabra original que algunas personas consideran de mal gusto) y muchas otras son vulgares. En general, hay más sinónimos para el órgano masculino que para el femenino. Pero en este libro preferimos llamar a los genitales por su nombre, como al resto de nuestros órganos.

Así que la vulva es el conjunto de los genitales femeninos externos mientras que los masculinos están formados por el pene y los testículos.

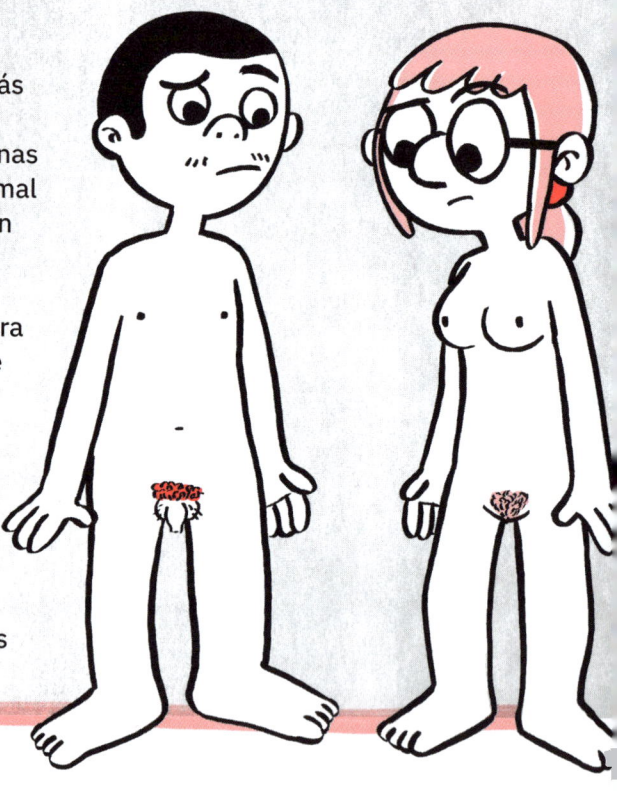

fluida de lo que creemos y existen indi-
viduos cuyo sexo biológico no es clasi-
ficables de forma binaria. Lo veremos.

El pene y la vulva

Hablar de todo esto a veces suscita
un poco de risa. Y menos mal, porque es una
contradicción: el sexo es algo que se disfruta, pero que
también da un poco de vergüenza. Por un lado, es una
fuente de placer y un impulso de supervivencia; por otro,
es un tabú y el origen de un buen montón de ansiedades.

Piensa que hasta 1816, cuando se inventó el estetoscopio (un instrumento que permite «escuchar» el cuerpo
sin tocarlo con las manos), los médicos varones no podían
tocar ni examinar a las mujeres. Por esta razón, sus cuerpos eran mucho menos conocidos que los masculinos: no
se probaban medicamentos en ellos y no se sabía nada
sobre ciertas reacciones del cuerpo femenino.

Pero veamos cómo estamos hechos.

El pene y los testículos cuelgan fuera del cuerpo. Algunos
se han preguntado por qué, dado que son tan importantes
(ahí es donde se encuentran los espermatozoides). La respuesta es que su preciado contenido se conserva mejor a
temperatura ambiente que a 36-37 °C dentro del cuerpo.

La vulva femenina, por otro lado, está formada por dos
capas de piel, los labios mayores, que se cierran sobre dos
labios menores y que, a su vez, actúan como puerta de entrada a la vagina. En la unión de los labios menores, por la

parte delantera, se encuentra el clítoris. Los ovarios, las trompas de Falopio y el útero están bien protegidos en la zona más profunda.

Entre los 10 y los 13 años si eres chica y entre los 12 y los 13 si eres chico, comienza la pubertad, lo que significa que, sin ningún orden en particular, se liberan más de 50 tipos diferentes de hormonas que te transforman en adulto. Tu cuerpo experimenta algunas cosas: creces (incluso 10 centímetros en pocos meses), te vuelves más fuerte, empiezas a escuchar música insoportable, tus padres te parecen mucho más tontos que antes, te crece vello en las axilas y en el pubis, a las niñas les crecen los pechos y a los niños les cambia la voz porque cambia la posición de sus cuerdas vocales.

Las hormonas también afectan al cerebro: tu estado de ánimo sube y baja como una montaña rusa, crees que todos están enfadados contigo por la más mínima cosa. Te irritas y lloras. Eres insoportable y apestas (sí, el mal olor también es culpa de las hormonas). ¡Felicidades! Por fin te has convertido en un perfecto adolescente.

Y ocurren dos cosas más: en los testículos se generan los primeros espermatozoides, o células sexuales masculinas. E Isolda, mes tras mes, empieza a hacer madurar algunos de los óvulos con los que nació (normalmente unos 500), que ya están listos para ser fecundados: es el ciclo menstrual.

EL CICLO MENSTRUAL

¿Por qué se le llama *ciclo*? Bueno, porque es un proceso cíclico: comienza de nuevo cada 28 días, más o menos, y cada vez pasa por las mismas etapas.

Funciona así: al principio del ciclo, la pared interna del útero, el *endometrio*, está lista para recibir un óvulo fecundado. Si este no se fecunda, el endometrio se disuelve y se desprende. Isolda puede tener dolor de vientre y hemorragias durante unos días: es la regla, que puede ser un poco inquietante las primeras veces, pero es completamente normal.

Pasa todos los meses, a menos que estés esperando un bebé.

Alrededor del día 14 desde el inicio del ciclo, se produce la ovulación: en la superficie de uno de los dos ovarios, madura una especie de burbuja, llamada *folículo*, que revienta y libera un nuevo óvulo de la reserva, que rueda hacia la trompa de Falopio.

El óvulo permanece allí, listo, por si llega un espermatozoide para fecundarlo. Estos son los días propicios para quedar embarazada. Sin embargo, si el espermatozoide no llega, el óvulo no fecundado entra en el útero y el proceso comienza de nuevo: el óvulo se expulsa cuando se disuelve el endometrio y llega la menstruación.

¿Y las relaciones sexuales?

Durante la pubertad ocurre otra cosa: se consolida tu orientación sexual, es decir, la atracción física y emocional hacia las personas con las que deseas iniciar una relación romántica o sexual. Por ejemplo, podrías expresarte como:

Heterosexual. Te atraen principalmente las personas del género opuesto al tuyo. Mujeres si eres hombre, hombres si eres mujer.

Homosexual. Te atraen principalme las personas de tu mismo género. Hombres si eres hombre, mujeres si eres mujer.

Pansexual o **bisexual**. Te atraen un poco todos los géneros por igual.

También puede que no se sienta atracción sexual, entonces se habla de asexualidad.

Además de la reproducción, las personas desean tener sexo porque lo disfrutan o porque esperan que así sea. Los órganos dedicados al apareamiento, especialmente el pene y la vagina (pero sobre todo el clítoris, que es muy sensible), tienen muchas terminaciones nerviosas que envían sensaciones muy intensas al cerebro, sobre todo durante el orgasmo, el momento de máximo placer.

Esto explica por qué el sexo es tan hermoso y anhelado. Cuando «funciona», crea una experiencia muy emocionante y atractiva y ayuda a crear vínculos fuertes.

Hagamos un heredero

Una nueva vida se puede generar cuando el pene entra en la vagina.

El pene masculino es como una esponja: cuando te excitas, tu cerebro le envía mucha sangre, lo que hace que se hinche y se ponga tieso. La piel que cubre la punta se retrae y revela el glande, que tiene una forma redonda y aerodinámica diseñada para deslizarse bien entre los órganos femeninos.

En el otro lado, y con la misma excitación, es el clítoris lo que se te hincha. Los labios que rodean la vagina se dilatan y lubrican para permitir la penetración, es decir, para que el pene entre y se deslice de forma recta y uniforme.

El pene se desliza dentro de la vagina tanto como la pareja desee o, con mayor frecuencia, hasta que el hombre alcanza el orgasmo y expulsa cierta cantidad de semen (o esperma) del pene. Es la *eyaculación*: el esperma es un líquido viscoso que contiene entre 40 y 120 millones de espermatozoides (la cantidad varía según la persona y se debe a muchos factores). Estos espermatozoides son pequeñas células redondeadas con una cola que funciona como una aleta para nadar.

Pero son muy desordenados. Entran con todo el entusiasmo en el útero y luego suben por las trompas de Falopio, buscando el óvulo que los espera. Pero la verdad es que no siempre lo encuentran. En cualquier caso, si uno de ellos lo consigue, es acogido con los brazos abiertos, como si el óvulo, en el fondo, no creyera que uno de esos haya logrado llegar hasta allí. Y entonces, ¿qué ocurre? Pues esto:

EL PRIMER VIAJE
DE LA CONCEPCIÓN AL NACIMIENTO

CUANDO EL **ESPERMATOZOIDE** ENTRA EN EL **ÓVULO**... 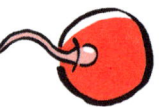 ... NACE LA PRIMERA CÉLULA MADRE: ¡EL **ZIGOTO!**

EL ZIGOTO SE MULTIPLICA Y EN EL ÚTERO SE CONVIERTE EN UN **EMBRIÓN.**

SE NUTRE Y RECIBE OXÍGENO DE LA MADRE A TRAVÉS DE LA PLACENTA, DURANTE **40 SEMANAS.**

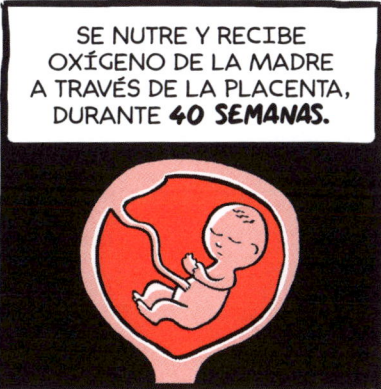

EN EL MOMENTO OPORTUNO, LAS HORMONAS ABRIRÁN LAS VÍAS PARA SALIR DE LA **VAGINA.**

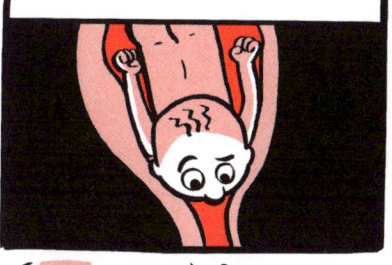

¡QUÉ IMPRESIÓN! ¡VACÍA LOS PULMONES Y EMPIEZA A RESPIRAR **AIRE!**

¿Y QUÉ MEJOR QUE LA LECHE DE **MAMÁ** PARA RECUPERARSE DEL LARGO VIAJE?

Igualito a mamá

No debería ser muy difícil descubrir en qué te pareces a tu madre o tu padre. Tu ADN está compuesto por 46 cromosomas: 23 provienen del espermatozoide de tu padre, 23 del óvulo de tu madre, pero la procedencia de cada uno se decide en una especie de tira y afloja. Hay genes dominantes (que tienden a ganar) y genes recesivos (que tienden a perder).

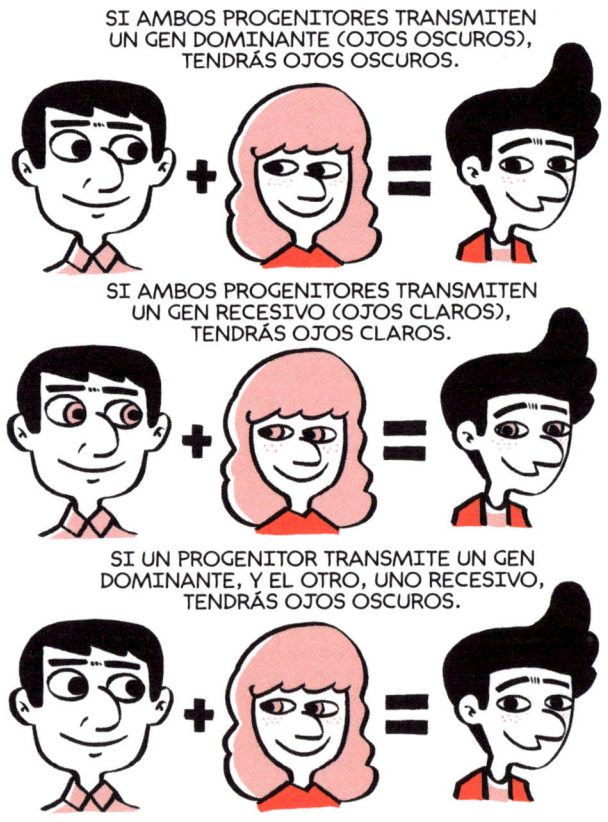

SI AMBOS PROGENITORES TRANSMITEN
UN GEN DOMINANTE (OJOS OSCUROS),
TENDRÁS OJOS OSCUROS.

SI AMBOS PROGENITORES TRANSMITEN
UN GEN RECESIVO (OJOS CLAROS),
TENDRÁS OJOS CLAROS.

SI UN PROGENITOR TRANSMITE UN GEN
DOMINANTE, Y EL OTRO, UNO RECESIVO,
TENDRÁS OJOS OSCUROS.

Por ejemplo: pecas, cabello y ojos oscuros, orejas prominentes y la capacidad de enrollar la lengua son dominantes, mientras que cabello y ojos claros, nariz puntiaguda, cerumen seco (!) y pómulos altos son recesivos.

Lo que determina si naces hombre o mujer es un par de cromosomas, que por eso mismo se llaman *cromosomas sexuales*. Si son XX, eres mujer. Si son XY, eres hombre. Por lo tanto, de la madre, sin duda proviene una X. Del padre, puede provenir una X o una Y, así que es en parte el padre quien «decide».

LGBTQI+

Siglas de la heterogénea comunidad arcoíris. Las letras L, G y B identifican a lesbianas, gais y bisexuales, que se sienten atraídos por personas de su mismo sexo o de ambos; luego está la T de transgénero, para quienes se sienten de un género diferente al que les fue asignado al nacer, o que se sitúan entre ambas posibilidades. La Q de *queer* incluye a cualquiera que se sienta, a su manera, parte de la comunidad: excéntrico, particular, diferente del resto. La I representa a los intersexuales, cuyas características físicas no se corresponden completamente con lo masculino ni con lo femenino, y serán ellos quienes decidan dónde ubicarse. ¿Y el signo +? Es para todos los que no hemos mencionado aquí.

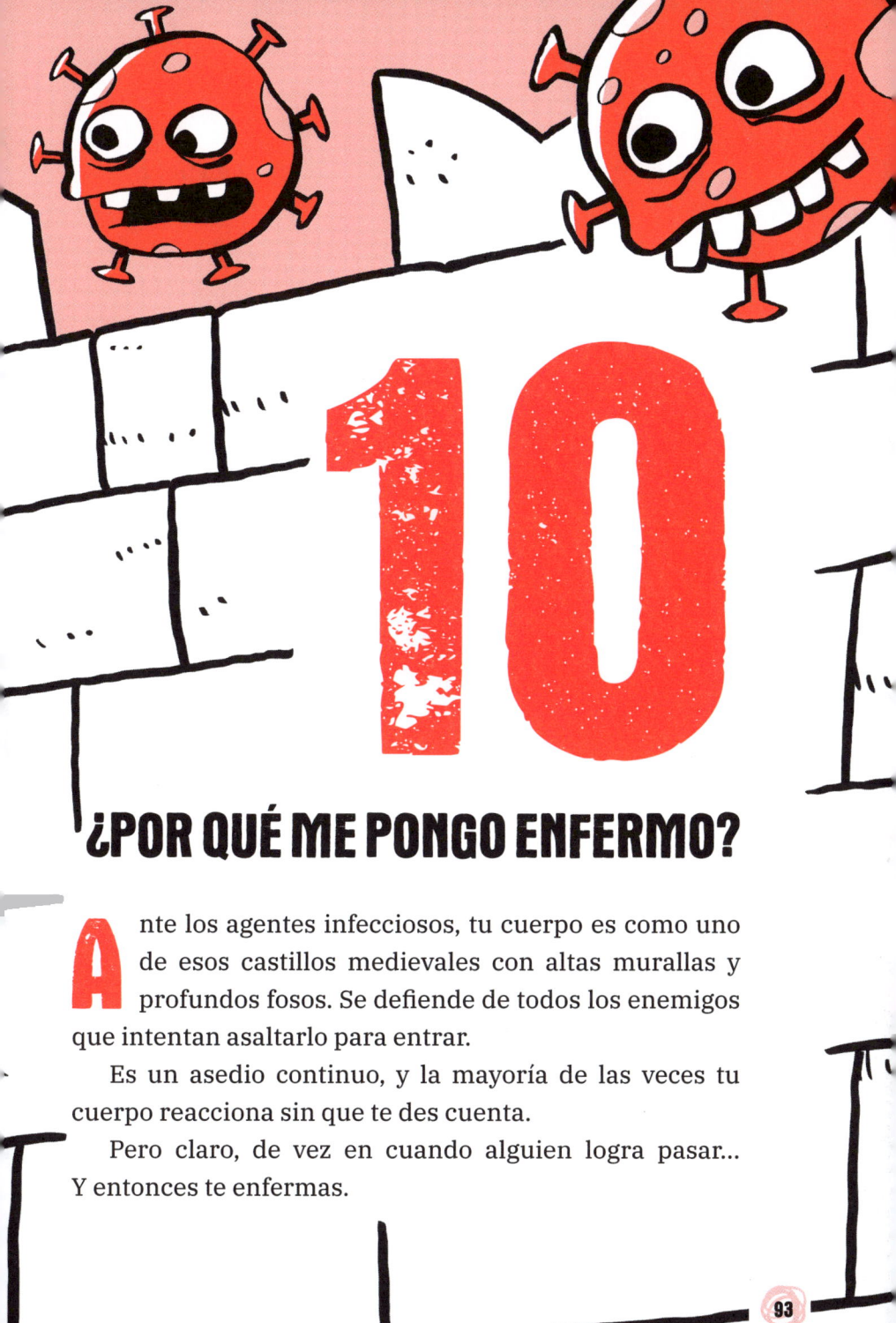

10

¿POR QUÉ ME PONGO ENFERMO?

Ante los agentes infecciosos, tu cuerpo es como uno de esos castillos medievales con altas murallas y profundos fosos. Se defiende de todos los enemigos que intentan asaltarlo para entrar.

Es un asedio continuo, y la mayoría de las veces tu cuerpo reacciona sin que te des cuenta.

Pero claro, de vez en cuando alguien logra pasar... Y entonces te enfermas.

La fiebre y algunos «enemigos»

La mejor fiebre es la que te viene temprano por la mañana, justo a tiempo para hacerte faltar a clase. Por lo demás, nadie sabe exactamente por qué aparece: es tanto un mecanismo de defensa (a modo de ollas de aceite hirviendo contra los invasores) como una consecuencia del exceso de trabajo que realiza el cuerpo para repelerlos (como un motor que se calienta). Tan solo un grado más en el cuerpo es suficiente para reducir 200 veces la velocidad de reproducción de un virus.

Pero, a ver, ¿qué demonios es un virus? ¿Y por qué quiere estar dentro de ti?

En realidad, no son solo los virus. Pero vayamos por orden. Aquí está lo que podemos encontrar:

Virus. Los científicos aún debaten si pueden considerarse seres vivos o no. Están compuestos de fragmentos de material genético y proteínas, y necesitan entrar en otras células para reproducirse.

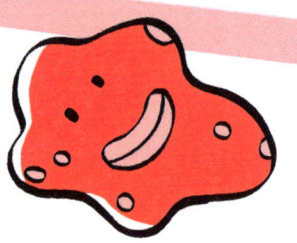

Hongos. Viven bajo tierra, en alimentos en descomposición y en lugares con restos húmedos (por ejemplo, en una piscina sucia). Se adhieren a la piel.

Protistas. Son microorganismos formados por una sola célula. Hay muchos de ellos en la piel o en el sistema digestivo. La mayoría son inofensivos, pero algunos pueden causar enfermedades muy graves, como la malaria.

Parásitos. Son seres vivos que se instalan en tu cuerpo para «robarle energía». Como la tenia, un tipo de gusano grande que se asienta en el estómago y se alimenta de parte de los alimentos que pasan a través de él.

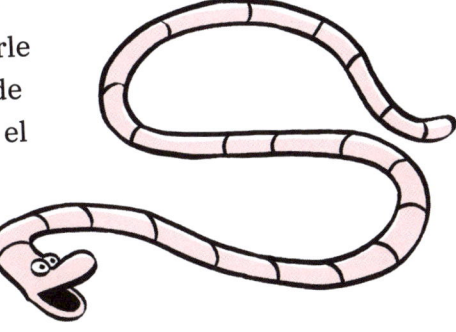

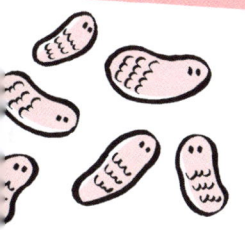

Bacterias. Son microorganismos unicelulares, en su mayoría inofensivos. Se multiplican rápidamente y están en todas partes, incluso en tu interior. Algunos pueden causar enfermedades graves o liberar toxinas.

El sistema inmunitario

Tu primera línea de defensa es tu piel. Como si fueran las murallas y el foso del castillo, intenta mantener a todos fuera, sin distinción. Mientras permanezca intacta, no hay problemas. Pero cuando se pierde la integridad, por ejemplo, debido a un corte o una herida, los atacantes pueden entrar (y por eso es importante desinfectarse bien).

Los enemigos también pueden pasar por otras vías de entrada del cuerpo: la boca, los oídos, la nariz, los ojos, el ano o los genitales.

En cualquier caso, cuando entran, nuestro cuerpo se activa con patrullas de defensa: los glóbulos blancos. Se producen en la médula ósea, la parte esponjosa del interior de los huesos más largos y anchos, como los de la pelvis. Patrullan el cuerpo y piden documentos a todo el mundo: si no los tienes, o si están caducados, o si quizás ya te han registrado porque no es la primera vez que entras sin permiso, para ellos eres una bacteria o un virus. ¿Las consecuencias? O te destruyen en el acto, o te inyectan anticuerpos: proteínas defensivas que te bloquean como unas esposas, impidiéndote hacer daño.

SARAMPIÓN Y COMPAÑÍA

Hace cien años, se identificaron algunas enfermedades víricas muy peligrosas y extendidas, típicas de la infancia y caracterizadas por erupciones cutáneas graves (enrojecimiento y ampollas): sarampión, rubeola y varicela. Hoy existen vacunas para combatirlas, y han disminuido drásticamente en todo el mundo.

¿TE PINTO A TOPOS?

Después de combatir con un invasor, los glóbulos blancos actualizan su lista de enemigos. Así, cuando se encuentran con el mismo atacante de nuevo, ya saben cómo lidiar con él y quitárselo de en medio, y, sobre todo, son mucho más rápidos. En la práctica, lo detectan de inmediato y lo bloquean apenas da el primer paso dentro de ti. Por eso, algunas enfermedades como el sarampión solo se presentan una vez: cuando te recuperas, te vuelves inmune.

Y así es como funcionan las vacunas: hacen creer al sistema inmunitario que has contraído cierta enfermedad, para que los glóbulos blancos se preparen por si acaso vuelve a aparecer.

A veces, sin embargo, incluso los glóbulos blancos cometen errores. Por ejemplo, puede ocurrir que sustancias inocentes, como el polvo, el polen de las flores, el pelo de animales o ciertos alimentos (frutos secos, leche o mariscos), los hagan reaccionar. Es una verdadera búsqueda de culpables imaginarios que se conoce con el nombre de *alergia*.

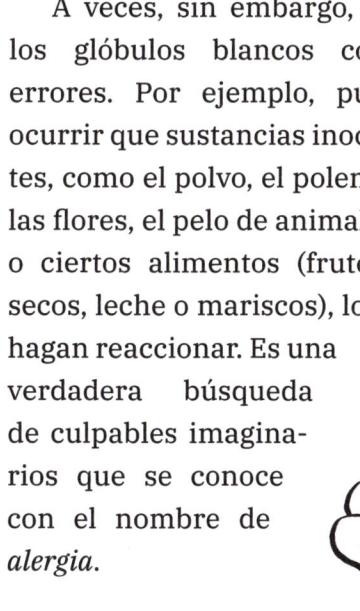

¿Resfriado, gripe o coronavirus?

¡Aaaachúúús! ¡Salud! Pero ¿es un resfriado, gripe o algo peor? Porque son enfermedades diferentes.

El resfriado está causado por muchos virus diferentes que solo afectan a las vías respiratorias superiores, hasta la garganta. La gripe, en cambio, está causada por el virus de la gripe, que para atacar prefiere el frío y, por lo tanto, arremete sobre todo en invierno. Causa fiebre alta, dolor en los huesos y músculos: ¡un fastidio! Puede durar hasta una semana y, a veces, convertirse en neumonía.

«Los coronavirus, muy grandes y complejos de estudiar, pueden provocar muchos daños.»

El coronavirus es más insidioso e impredecible: a algunos no les hace ningún efecto, a otros simplemente les produce un resfriado. En las personas más frágiles puede desencadenar complicaciones graves, por lo que algunos pacientes necesitan recibir oxígeno para respirar. Y, aun así, algunos no lo logran.

Los coronavirus, con forma de bola con muchas púas a su alrededor, son muy grandes y difíciles de estudiar, y pueden causar mucho daño. Hay dos formas de derrotarlos: atraparlos y curarlos (formando así los anticuerpos necesarios, pero pueden dejar secuelas y no merece la pena), o vacunarse, para fortalecer los glóbulos blancos.

Todos los agentes infecciosos tienen una misión: replicarse. ¿Y por qué conformarse con un solo organismo cuando hay una población entera de personas a su alrededor?

Infectarse puede ser muy fácil. A veces, basta con tocar la manija de la puerta del mismo ascensor para transmitir gérmenes de una persona a otra, y dada la velocidad con la que nos movemos hoy en día, en coche, tren y avión, un virus puede propagarse por ciudades enteras, países y continentes. Y cuando un virus se propaga por todo el planeta, ya sabes: es una pandemia.

EL VIRUS SALTARÍN

Hemos domesticado muchos animales, y otros nos los comemos. A veces, algunos de estos animales padecen enfermedades específicas que, aunque no les afecten, pueden transmitirse a nosotros, «saltando» de su especie a la nuestra (es lo que se conoce como *zoonosis*). Son peligrosas porque nuestros glóbulos blancos no están preparados para combatirlas. Esto es lo que ocurrió con el coronavirus de 2019.

¡ACHÚS!

¿CÓMO NOS CONTAGIAMOS?

POR GOTITAS DE SALIVA

Es asqueroso, vale, pero no nos damos cuenta. Si respiras cerca de Alberto mientras habla, ríe o canta, ¡inhalas gotitas microscópicas de saliva que salen de su boca!

POR VÍA AÉREA

Ciertos virus permanecen suspendidos en el aire durante mucho tiempo, incluso si la persona enferma ya no está en la habitación. Por ejemplo, el virus del sarampión puede durar hasta dos horas (pero por suerte ahora estamos vacunados).

A TRAVÉS DE LOS ANIMALES

A causa de portadores infectados, como mosquitos (considerados los animales más peligrosos del mundo) o ratones.

CON INTERCAMBIO DE FLUIDOS

Por ejemplo, de sangre, a través de pequeñas heridas en la piel, o de saliva con un beso (que transfiere alrededor de mil millones de bacterias).

POR VÍA OROFECAL

Te infectas al beber o comer algo contaminado con heces de una persona infectada (algo que les ocurre a los niños pequeños) o al llevarte a la boca las manos sucias.

POR VÍA SEXUAL

Por eso, cuando llegue el momento de tener relaciones sexuales, debes protegerte usando un preservativo: una especie de capucha que cubre el pene y previene la transmisión de enfermedades.

Células negras y peligrosas

A veces la enfermedad no viene de afuera, sino que la generamos nosotros mismos. Hay ocasiones en que algunas células de nuestro cuerpo se vuelven cancerosas. Vete a saber por qué: quizá heredamos un defecto misterioso de nuestros padres, o nos hemos maltratado con una mala alimentación, tabaco, alcohol, contaminación; en algunos casos, simplemente es casualidad.

En cualquier caso, cuando ocurre, es un problema grave: la célula cancerosa se reproduce sin control, creando muchas otras células similares. Los glóbulos blancos les ordenan que se detengan, pero desobedecen y se niegan a morir (que es lo que tienen programado). Si logran crecer, interceptan los vasos sanguíneos, se alimentan y pueden desplazarse por el cuerpo, creando pequeños asentamientos rebeldes llamados *metástasis*.

Y en este punto es esencial intervenir: ya sea con cirugía, extirpando todas las células enfermas (deben ser todas, porque una sola superviviente es suficiente para empezar de nuevo), o bombardeando las células rebeldes con fármacos o radiación: quimioterapia y radioterapia.

Algunos tumores se combaten con relativa rapidez. Otros, por desgracia, son mucho más resistentes y difíciles de curar.

Por eso es importante intentar prevenirlos, llevando un estilo de vida saludable y realizándose las revisiones médicas recomendadas.

11

REVISIONES MÉDICAS...
¿PARA QUÉ?

Las revisiones médicas pueden incluir análisis de sangre, de orina, centrarse en los dientes, en el corazón...

Los análisis de sangre son muy fáciles de hacer, y no hay que tenerles miedo. Solo hay que sentarse y charlar con un enfermero o enfermera amable que, mientras te habla, de golpe dice: «¡Ya está!». Como mucho, sentirás un pinchazo en el brazo, donde están las venas más prominentes (duele menos que un pelotazo), y quizás una extraña sensación de indefensión (un poco como cuando empiezan a hacerte preguntas).

El truco es no mirar lo que está pasando y pensar que pronto te darás un desayuno enorme.

A veces, los médicos también quieren ver qué hay en tu orina. No es una curiosidad extraña: les ayuda a entender si hay alguna bacteria o acaso demasiado azúcar, un signo de diabetes que aún no te habían descubierto. Basta con pensar que hace tiempo los médicos la probaban para entenderlo. No te preocupes: solo tienes que hacer pipí en un frasco de plástico, después de tirar la primera gota que salga.

Las pruebas les ayudan a entender si te falta hierro en la sangre (y, por lo tanto, tienes *anemia*), si tienes alguna infección, cómo están tus riñones, si tienes problemas cardíacos, si hay exceso de alguna hormona o, al revés, falta un poco, o si tienes problemas en el hígado. Y, también, si tienes alguna célula que se está volviendo loca, para detectarla a tiempo.

Con una muestra de sangre también se puede realizar una prueba genética, es decir, el mapa completo de tu ADN, que aún no sabemos leer en su totalidad, pero que ya proporciona indicios de enfermedades y predisposiciones que pueden o no transmitirse, como si fuera una mochila que va pasando de una generación a la siguiente. Y también podrías descubrir que un antepasado tuyo quizá provenía de algún lugar muy muy lejano.

A caballo regalado, no le mires el dentado.

Pero el tuyo sí que hay que mirarlo. Y el de Alberto también, a juzgar por su ortodoncia.

¿Te asusta la idea de ir al dentista? No te preocupes: los dentistas hacen todo lo posible para evitar el dolor a quienes se sientan en sus sillones de superalta tecnología. Ve a verlos un par de veces al año: una mala dentadura duele mucho más que cualquier dentista.

Las caries se forman porque dentro de la boca viven mil tipos diferentes de bacterias, todas ávidas de azúcar: en cuanto comes un poco (incluso el azúcar que hay en la pasta), las bacterias lo devoran y liberan ácidos que atacan la capa de esmalte que recubre los dientes.

El esmalte no se puede reemplazar. Cuando se deteriora, deja la dentina expuesta, que es más fácil de atacar y es donde se instalan las caries. En la pulpa del diente se encuentran esos pequeños nervios que duelen terriblemente cuando las bacterias llegan ahí.

Cepillarse los dientes después de comer elimina tanto el exceso de bacterias (la placa) como los depósitos ásperos que se forman en los dientes (el sarro).

«Lavarse los dientes después de comer elimina el exceso de bacterias.»

Órganos de recambio

A veces, uno de tus órganos sufre daños irreparables y todas las pruebas y análisis lo confirman. Sin embargo, la cirugía moderna ha encontrado una solución: el trasplante. No es cosa fácil, y puede resultar impactante, así que si te da escalofríos solo de pensarlo, pasa al siguiente capítulo.

Si sigues aquí, intentemos comprender mejor de qué se trata: excepto los riñones, los órganos de recambio se extraen de personas cuyos cerebros han dejado de funcionar. Es decir, que están muertos, pero cuyo cuerpo se mantiene funcionando gracias a una serie de máquinas. Para extraer órganos, la persona debe haber dado su consentimiento antes de morir, mediante una declaración; si no lo había pensado, sus familiares pueden hacerlo en el acto.

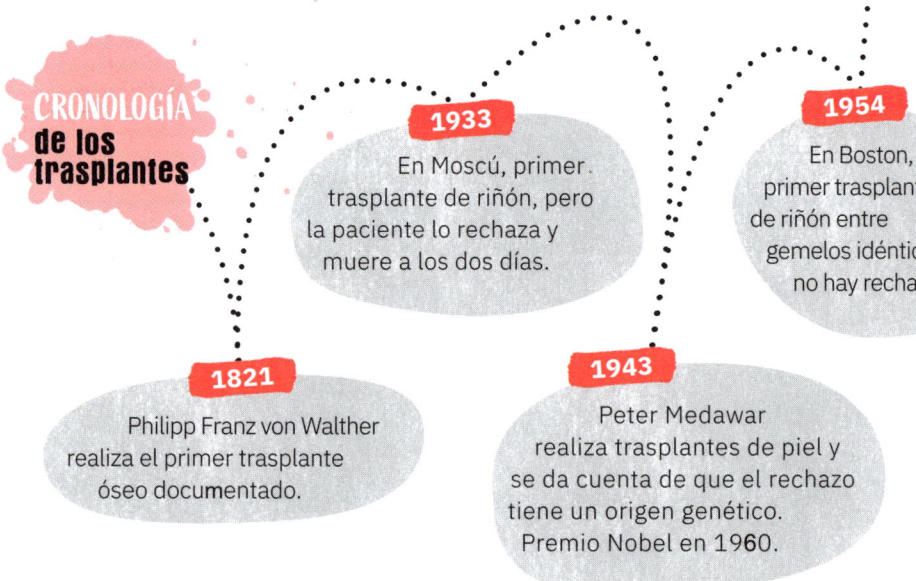

CRONOLOGÍA de los trasplantes

1933
En Moscú, primer trasplante de riñón, pero la paciente lo rechaza y muere a los dos días.

1954
En Boston, primer trasplante de riñón entre gemelos idénticos no hay rechazo.

1821
Philipp Franz von Walther realiza el primer trasplante óseo documentado.

1943
Peter Medawar realiza trasplantes de piel y se da cuenta de que el rechazo tiene un origen genético. Premio Nobel en 1960.

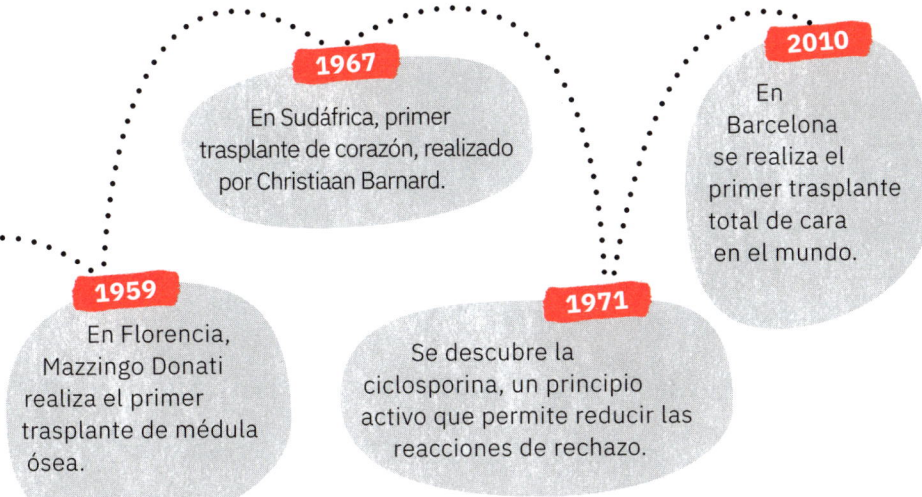

1967
En Sudáfrica, primer trasplante de corazón, realizado por Christiaan Barnard.

2010
En Barcelona se realiza el primer trasplante total de cara en el mundo.

1959
En Florencia, Mazzingo Donati realiza el primer trasplante de médula ósea.

1971
Se descubre la ciclosporina, un principio activo que permite reducir las reacciones de rechazo.

En este caso, los médicos pueden extraer los órganos de su cuerpo que aún funcionan y donarlos a alguien que los necesite y que, gracias a ellos, podrá vivir más años.

Hoy en día, se trasplanta casi todo: desde las córneas de los ojos hasta la piel y el corazón. Los trasplantes de riñón pueden realizarse entre personas vivas (tenemos dos, ¿recuerdas?, y con uno nos basta). En todos los casos, la dificultad siempre ha sido evitar el rechazo: los glóbulos blancos del cuerpo receptor deben comprender que el nuevo órgano no es un enemigo al que haya que atacar.

Hay dos estrategias para resolver esta dificultad. La primera es usar una serie de medicamentos que atontan el sistema inmunitario del receptor. La segunda es favorecer, si es posible, los trasplantes entre personas de la misma familia, porque tienen un ADN muy similar y el sistema inmunitario suele dejarlo pasar.

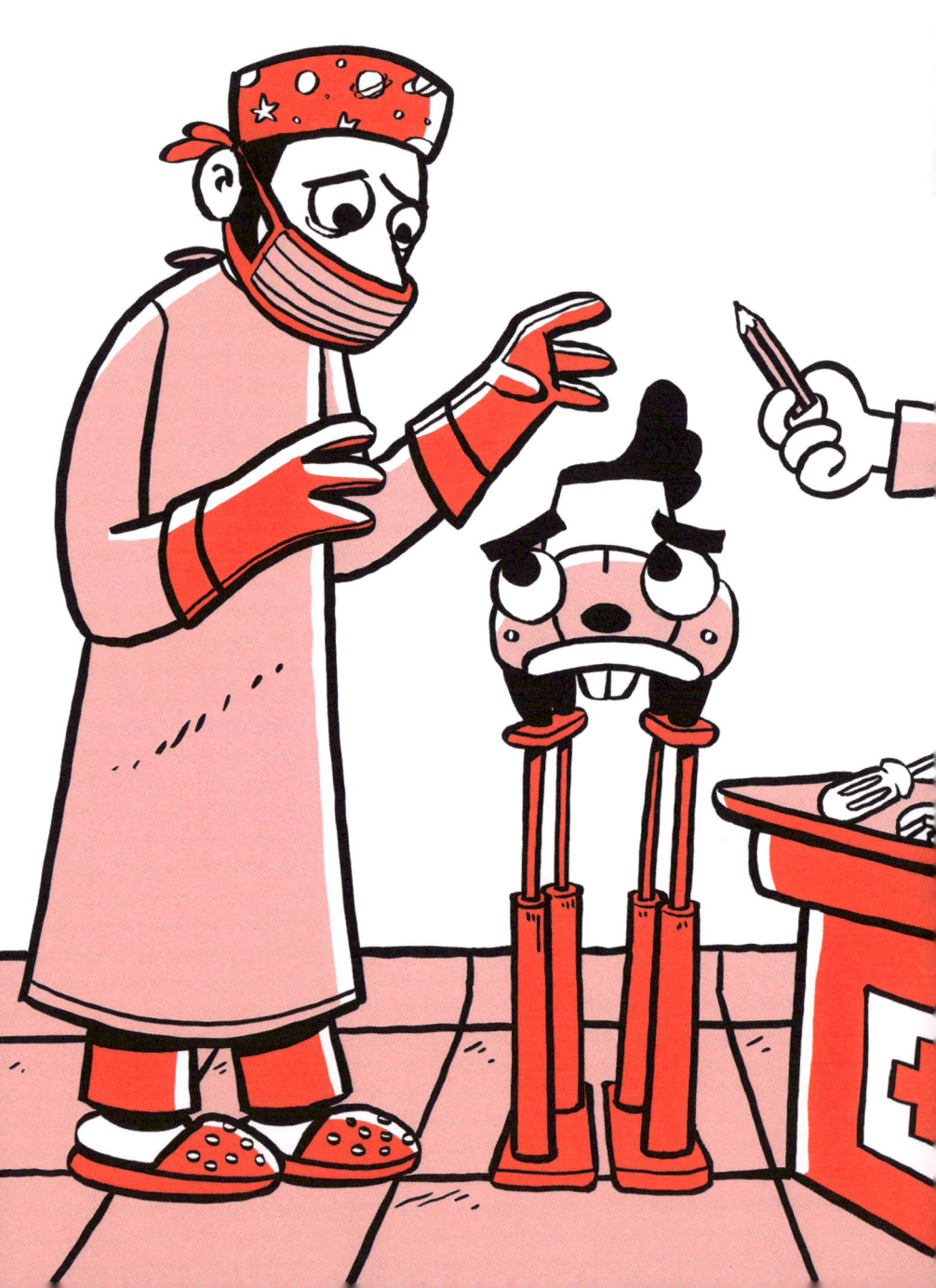

12

¿LOS MÉDICOS LO SABEN TODO?

L o cierto es que todos creemos saber algo de medicina. Y la misma palabra, *medicina*, indica formas muy diferentes de estudiar el cuerpo humano. Por ejemplo, se dice que la medicina oriental se diferencia de la occidental en que es holística; es decir, que intenta curarte considerándote como un todo, donde cada parte está estrechamente relacionada con las demás, aunque a veces pueda tener en consideración ideas con poca base científica. La medicina occidental, en cambio, se ha ido especializando poco a poco, y hay muchos médicos que conocen a la perfección partes individuales del cuerpo, pero no necesariamente las demás.

Esto se debe a que hay muchísimas cosas que hay que saber, y siempre se producen nuevos descubrimientos: tu cuerpo es una máquina compleja, aún en parte desconocida, con muchos mecanismos invisibles que funcionan sin que te des cuenta y que trabajan juntos, influenciándose mutuamente.

Así que no: los médicos no lo saben todo. ¡Pero saben mucho! Y, sin duda, más que nosotros.

Y siguen buscando mejores respuestas a lo que aún desconocen.

¡Ay! ¿Qué hago?

Bueno, si te lastimas y no sabes qué hacer, ve a urgencias, la zona del hospital dedicada a casos que necesitan atención inmediata. Desde allí, si el problema es grave, te ingresarán en planta y, en los casos más graves, te enviarán a cuidados intensivos.

CRONOLOGÍA DE LA MEDICINA

1537
Andrés Vesalio imparte en Padua la primera clase de anatomía moderna de Italia.

460 a. C.
En Grecia nace Hipócrates, el padre de la medicina moderna.

Siglo IX
En Salerno se funda una escuela de medicina laica, una de las más famosas de la Edad Media.

1628
William Harvey revela el sistema de venas y arterias, y la estructura del corazón.

Pero bueno, ¡esperemos que nunca tengas que vivir ninguna de estas experiencias! Intenta ir despacio con el patinete... ¡y no te comas ese trozo de queso mohoso de la nevera!

Para todo lo demás, cuando no te sientes bien, en muchos países, incluida España, está la figura del médico de familia. Es un médico generalista, que sabe un poco de todo y te conoce bien. Como eres diferente de Alberto y de Isolda, y cada uno tiene su propia historia, es muy útil contar con un profesional que siga tu historia a lo largo del tiempo. Para los niños existe el *pediatra*, que suele acompañarte hasta los 14 años, más o menos.

GLOSARIO

PEDIATRA
viene de *paidós*, la palabra griega para 'niño'. Así que no tiene nada que ver con los pies.

Los médicos de familia tienen un papel muy importante. Te prescriben pruebas y análisis y te recetan los medicamentos que consideran necesarios, te tranquilizan cuando no hay nada grave y también te asustan un poco cuando tienes algún mal hábito: ¡ponte bien tieso! ¡Se acabaron las merendolas!

1928
Alexander Fleming descubre la penicilina, el primer antibiótico.

1796
El británico Edward Jenner introduce la vacunación.

1953
Francis Crick y James Watson descubren la estructura de doble hélice del ADN.

¿CUÁNTOS TIPOS DE MÉDICOS HAY?

¡Muchísimo! Existen muchas especialidades, cada una dedicada al estudio y la práctica específica de ciertas áreas del cuerpo o determinadas enfermedades. Aquí tienes algunas (¡pero hay muchas más!):

NIÑOS
Pediatría

CORAZÓN
Cardiología

PULMONES
Neumología

HUESOS
Osteología y ortopedia

PIEL
Dermatología

VISTA
Oftalmología

OÍDO, NARIZ Y GARGANTA
Otorrinolaringología

ESTÓMAGO E INTESTINOS
Gastroenterología

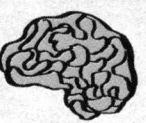

CEREBRO
Neurología y psiquiatría

ÓRGANOS SEXUALES
Ginecología y andrología

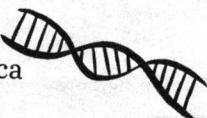

ADN
Genética médica

INFECCIONES
Virología, infectología y epidemiología

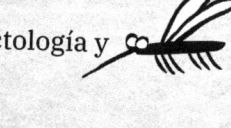

TUMORES Y CÁNCER
Oncología

ANCIANOS
Geriatría

Las máquinas de los médicos

No todas las enfermedades y accidentes se pueden ver desde afuera ni con una visita al médico. Si has sufrido un golpe, tendrás un moretón y se nota. Pero si no, ¿cómo puedes ver el interior del cuerpo?

Antes no era fácil, pero hoy los médicos disponen de muchas herramientas de diagnóstico, que se mejoran y cambian constantemente.

La más común es el estetoscopio: un pequeño disco conectado a dos auriculares que se coloca en el pecho para escuchar el ritmo cardíaco y los sonidos pulmonares, o en el abdomen para escuchar los ruidos del sistema digestivo.

MÉDICOS CON GUANTES

Los guantes para el quirófano se inventaron en 1889 gracias a una petición de la enfermera Caroline Hampton, molesta por la irritación que le provocaban en la piel las sustancias con cloruro. El doctor William Halsted contactó con Goodyear, la empresa de neumáticos, para que fabricara el primer par de guantes finos de goma, que pronto se extendieron a todos los hospitales del mundo.

Luego tenemos el electrocardiógrafo, un instrumento que mide la actividad eléctrica del corazón (la prueba se llama *electrocardiograma*). ¿Por qué? ¿Acaso el corazón produce chispas? En cierto sentido, sí: es un músculo, y a mediados del siglo XIX, Carlo Matteucci se dio cuenta de que todos los músculos producen corriente eléctrica. Sin dinero ni recursos, logró construir una batería eléctrica con ancas de rana en su sótano (sí, has leído bien) y demostró que las ancas generaban corriente. ¡Será por eso por lo que dicen que la corriente «salta»!

La actividad eléctrica del cerebro se mide con el electroencefalógrafo (de ahí el nombre de la prueba: *electroencefalograma*).

En cambio, si te rompes un hueso, o temes haberlo hecho, tendrás que hacerte una *radiografía*: te colocarán en una camilla o frente a una máquina que emite un haz de rayos que atraviesa la piel, los músculos y los órganos blandos como si no existieran, revelando solo huesos y cartílagos. Vaya, es como si te fotografiara por dentro.

A la larga, estas radiaciones son peligrosas, y por eso, antes de tomar las radiografías, los médicos, enfermeras o técnicos salen de la sala y te dejan allí, quizás con un delantal de plomo para protegerte: así evitan que recibas demasiada radiación allí donde no es necesaria.

La máquina de resonancia magnética nuclear da un poco más de miedo, pero es del todo inofensiva. Es una especie de cabina en forma de torpedo en la que te meten como si fueras un astronauta y, sin darte cuenta, eres inundado por ondas electromagnéticas producidas por un enorme imán que gira a tu alrededor. Dependiendo de cómo reboten las ondas, los médicos pueden determinar cómo están tus órganos internos, sin tener que abrirte para examinarlos.

LADRONES DE CADÁVERES

En los inicios de la medicina costaba mucho encontrar cuerpos para estudiar. Había una serie de ladrones especializados, los *resurreccionistas*, que conseguían cuerpos frescos para revenderlos a laboratorios y escuelas.

Los únicos cuerpos que podían estudiarse eran los de los ejecutados, ¡y no había suficientes! Y estaba el problema de cómo preservarlos, antes de la invención de los refrigeradores. Una disección en condiciones era todo un espectáculo con invitación incluida y una mesa giratoria conectada a las alcantarillas para deshacerse del cadáver si llegaba la policía (en la Real Academia de Medicina de Barcelona, se conserva un auténtico «anfiteatro anatómico» del siglo XVIII).

13

¿SOLO PUEDO HACER LO QUE ME DICTAN LOS GENES?

Haz una cosa: compra los ingredientes para cocinar tres pasteles.

Luego llama a Alberto y a Isolda y preparad un pastel cada uno. Ahora probadlos. ¿Son iguales?

Lo que has hecho es ver la diferencia entre los genes y el ambiente en el que creces: tus genes, tu ADN, son los ingredientes del pastel. Pero el pastel es el resultado de cómo tú y tus amigos habéis sabido usarlos.

En resumen, no hay excusas.

A bordo de la máquina que eres, el destino también depende mucho de ti.

Todos estamos emparentados

Hace entre 6 y 7 millones de años, una gran grieta en la superficie terrestre que dividió África en dos separó a un pequeño grupo de simios de la subfamilia de los homininos, los *Homininae*, que incluye a todos los grandes simios. Su ADN cambió entonces de forma independiente, creando numerosas variantes, una de las cuales finalmente dio origen al género *Homo*. A lo largo de millones de años, este nuevo género se dividió en varias especies, incluida la tuya: *Homo sapiens*.

Durante mucho tiempo pensamos que la situación era algo como esto:

Pero lo cierto es que no es así; no evolucionamos en línea recta, sino en ramificaciones, como estas:

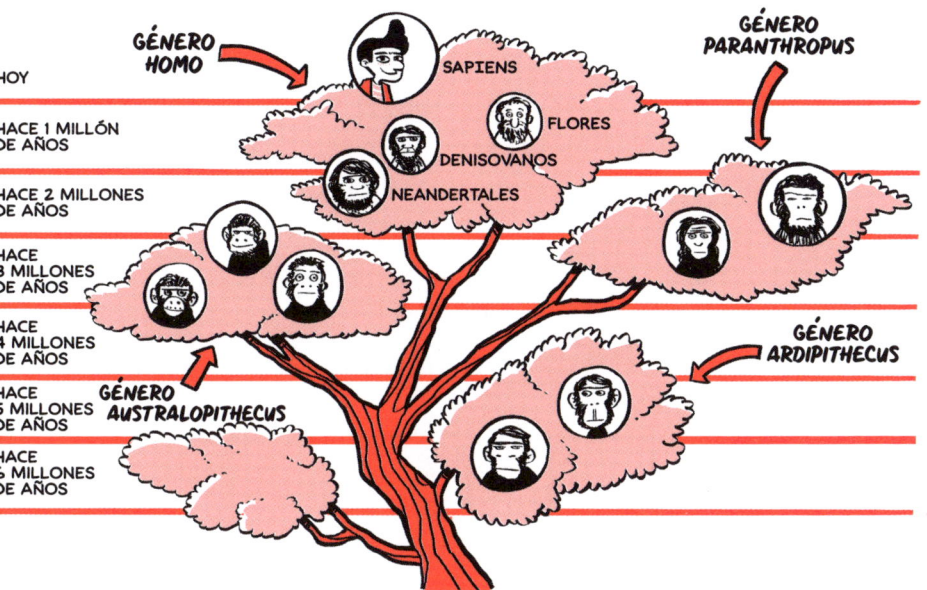

Hubo períodos en los que había otros homínidos en la Tierra: neandertales en Europa, denisovanos en China y hombres de Flores en Indonesia. Fueron, en parte, exterminados por los sapiens, y en parte tuvieron mala suerte (no había muchas medicinas, y bastaba un mal año para que todo se acabara...). Por una u otra razón, los sapiens fuimos los únicos que quedamos, aunque nos cruzamos con otros homínidos de los que mantenemos algunos genes.

Todos con los mismos ingredientes.

Y un gran antojo de pastel.

Allí donde creces

Hay 400 genes que regulan tu estatura. Sin embargo, el resultado también dependerá de la interacción con el ambiente que te rodea. Esto significa que si tus padres son altos, tú también deberías serlo, pero si naces en un país donde hay hambruna, no te dan suficiente para comer, bebes poco y mal, no crecerás tanto como se esperaba.

Los genes que deciden cosas directamente son pocos. En la mayoría de los casos, solo indican y predisponen. Así que no, no existe un gen de las matemáticas.

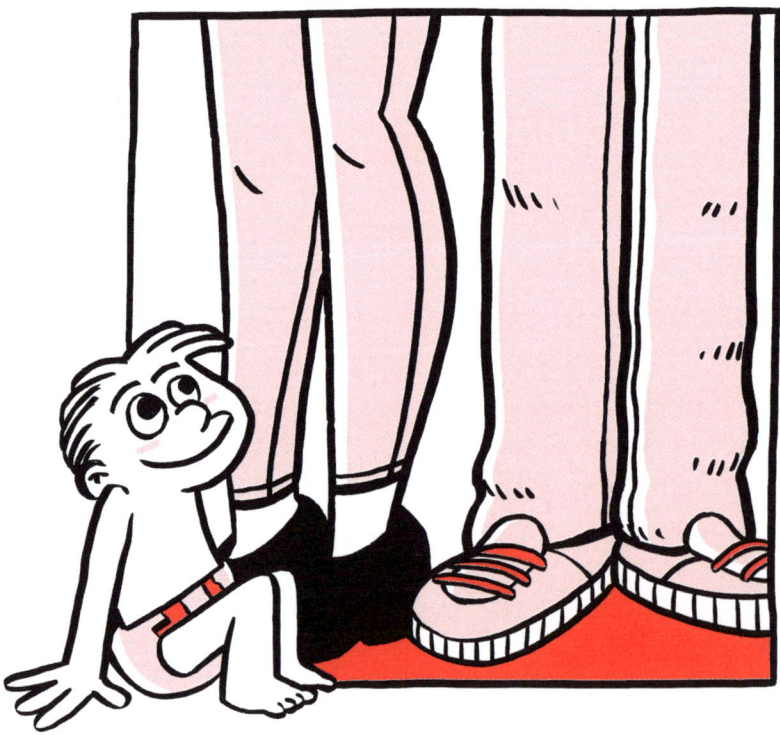

Son los estímulos ambientales que recibes de niño, la práctica y tu voluntad lo que en muchos casos hace que acabes siendo mejor que tus genes. Existe una teoría fascinante, la «regla de las 10.000 horas», según la cual si te dedicas a algo durante 10.000 horas (¿tocar la guitarra, esgrima?), te convertirás en un campeón. En realidad, es más probable que toques mejor que tu vecino, que solo ha practicado 2.000 horas, pero podrías perder contra su hermana, que ha practicado 5.000 horas pero genéticamente está más dotada que tú para la música.

Así, a grandes rasgos, podríamos decir que los genes cuentan el 50 %, y que el otro 50 % lo proporciona el entorno.

LA MADRE DE TODOS NOSOTROS

El material genético se encuentra principalmente en los cromosomas que provienen de ambos progenitores. Pero también hay una pequeña parte en las mitocondrias, orgánulos que solo las hembras transmiten a las generaciones posteriores. Esto nos permite llegar a la conclusión de que en realidad descendemos de un único ancestro, una Eva, por así decirlo, nuestra madre mitocondrial, que vivió en África hace unos cientos de miles de años.

¿NO ME CREES CAPAZ?

No todos tenemos el mismo cuerpo. Por diversas razones, un cuerpo puede funcionar de manera diferente a otros, o dejar de funcionar como antes.

La discapacidad es precisamente esto: una situación en la que una persona tiene una capacidad reducida o diferente para interactuar con el mundo en comparación con la mayoría de las otras personas.

Una cosa que se puede hacer es intervenir en el entorno que rodea a esa persona para facilitarle la vida. Una rampa o un elevador para subir escaleras permite a una persona en silla de ruedas entrar en un edificio sin necesidad de ayuda externa. Mantener los muebles siempre en la misma posición hace que una persona ciega pueda crearse un mapa mental de los espacios y orientarse.

DERECHOS

Genotipo y fenotipo

El *genotipo* es el conjunto de todas las características codificadas en tu ADN, e incluye todos los genes que heredaste de tus padres, quienes a su vez los heredaron de sus padres, y así sucesivamente hasta la época en que convivimos con los neandertales.

El *fenotipo*, en cambio, describe lo que realmente eres como resultado de la interacción entre tus genes y el entorno que te rodea.

Predecir la relación entre genotipo y fenotipo actualmente es imposible, a pesar de que la ciencia lleva décadas estudiando cómo interactúan los genes, así como los genes con el entorno.

«Prever cómo interaccionan los genes y el ambiente es, en la actualidad, imposible.»

Puede pasar que tengas un gen pero que se mantenga desactivado. O puede hacer que otro funcione a la perfección. La *epigenética* se ocupa precisamente de estudiar cómo funcionan los mecanismos que regulan el funcionamiento de los genes y la importancia del ambiente en el que crece un individuo, desde que está en el útero materno.

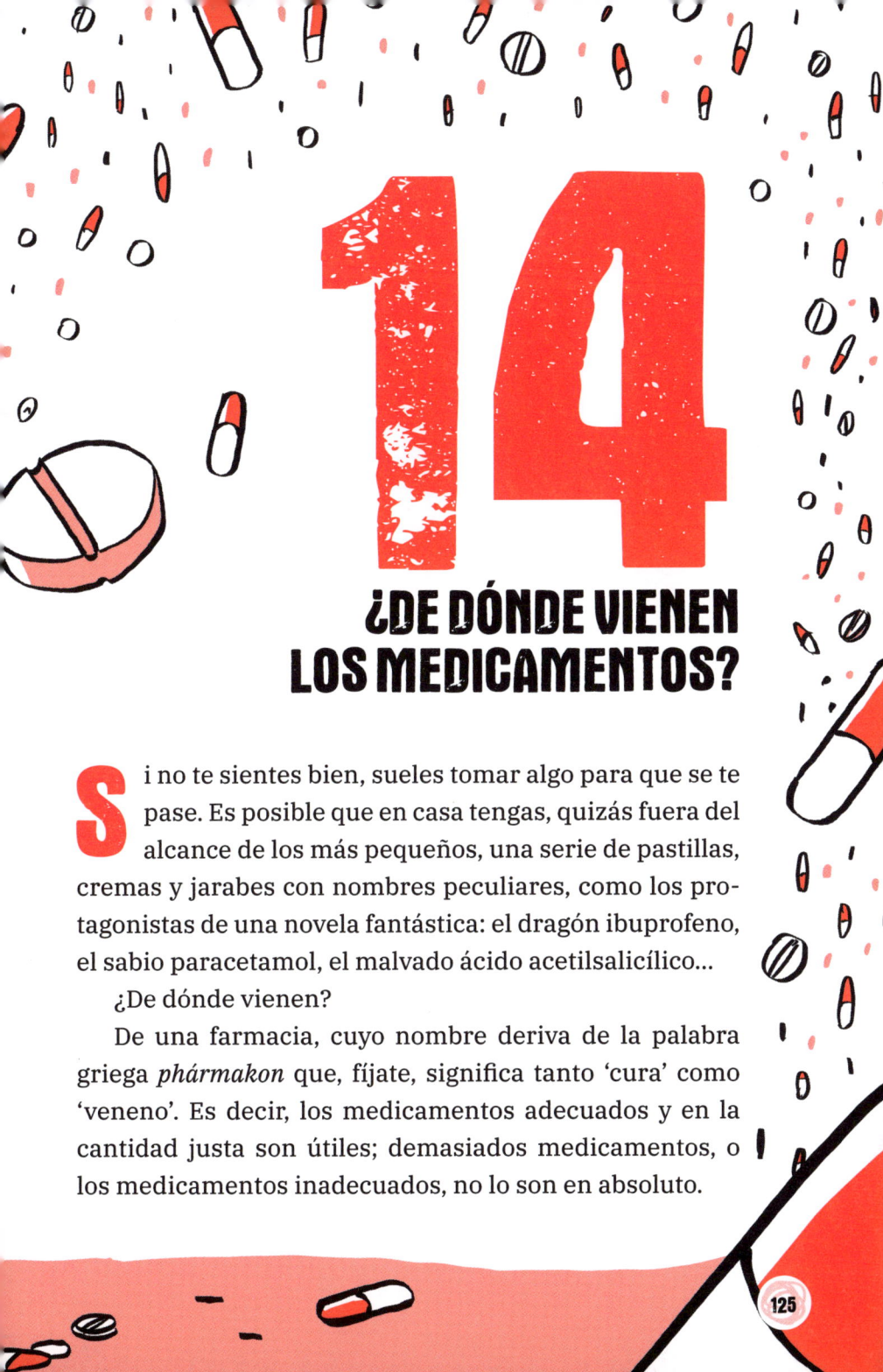

14

¿DE DÓNDE VIENEN LOS MEDICAMENTOS?

S i no te sientes bien, sueles tomar algo para que se te pase. Es posible que en casa tengas, quizás fuera del alcance de los más pequeños, una serie de pastillas, cremas y jarabes con nombres peculiares, como los protagonistas de una novela fantástica: el dragón ibuprofeno, el sabio paracetamol, el malvado ácido acetilsalicílico...

¿De dónde vienen?

De una farmacia, cuyo nombre deriva de la palabra griega *phármakon* que, fíjate, significa tanto 'cura' como 'veneno'. Es decir, los medicamentos adecuados y en la cantidad justa son útiles; demasiados medicamentos, o los medicamentos inadecuados, no lo son en absoluto.

Muchos tienen un origen natural. Por ejemplo, los neandertales ya entendían que la manzanilla tenía propiedades relajantes y la consumían.

«Las plantas medicinales han sido la forma más antigua de ciencia médica.»

Quizás se extinguieron por dormir demasiado, pero no es casualidad que la forma más antigua de ciencia médica sea precisamente la *fitoterapia*, que estudia los efectos de las plantas en el cuerpo.

Ciertas plantas (y algunos minerales, así como determinadas partes de ciertos animales) contienen moléculas útiles para nosotros: principios activos. Con el tiempo (y con la ciencia química) los hemos aprendido a sintetizar o a recrear en el laboratorio, a menudo haciéndolos más eficaces o menos peligrosos.

Cómo empezar

Supongamos que existe una enfermedad que se llama *maldespertar*. Afecta a la mayoría de las personas cuyo despertador suena a las 6 de la mañana. Y quieres encontrar una cura.

La primera pregunta que debes hacerte es: ¿a cuántas personas afecta? Y luego: ¿solo les afecta si estaban durmiendo? ¿Y con cualquier despertador?

¿Puede ser transmitida por un virus, por una sustancia química o solo por ese tipo concreto de despertador?

Esas son las preguntas que se hace un investigador, normalmente un *epidemiólogo*, que son los que estudian la cantidad y la presencia de una enfermedad.

Cuando tienes una idea de la situación, estudias la estrategia correcta para atacar. Y puedes:

* enseñar al sistema inmunitario a que se defienda él solito (con una vacuna, la Taponesenlasorejax);
* intentar eliminar la causa de la enfermedad (¡el despertador!);
* hacer que el «enemigo» se autodestruya o pierda fuerza (con una almohada sobre el despertador, y luego otra, y una tercera...).

Luego tienes que identificar el ingrediente activo, es decir, la mejor sustancia para poner en práctica tu estrategia. Puedes imaginártelo como un partido de fútbol entre tú y la enfermedad.

¿Quién es el mejor jugador de fútbol para tu equipo? ¿Y dónde lo encuentras? ¿Ya está dentro de tu cuerpo o tienes que «construirlo» desde cero, como si fuera un robot?

Luego tienes que construir un buen equipo a su alrededor para que marque goles. Puede haber moléculas que transporten el ingrediente activo al área. Otras que lo defiendan. Otras que le abran camino para que pueda chutar.

Una vez que tienes el equipo, ya tienes tu *phármakon*. ¿Y cómo sabes si es una cura o un veneno? Probándolo.

Cómo se prueban los medicamentos

Antes de poder venderse y comprarse, un medicamento debe superar una larga serie de pruebas, o *ensayos*, que suelen durar entre 7 y 10 años. Es el proceso de experimentación, que se divide en tres fases, cada una de las cuales comienza solo si la anterior ha tenido buenos resultados.

Así pues, si crees que ya tienes entre manos el posible medicamento adecuado, llamémoslo CURATÍN, los pasos son los siguientes:

PRECLÍNICO IN VITRO
OBSERVAS EL EFECTO
DEL CURATÍN
EN CÉLULAS.

PRECLÍNICO IN VIVO
ADMINISTRAS CURATÍN A
CONEJILLOS DE INDIAS.

CLÍNICO DE FASE I
PRUEBAS EL CURATÍN
CON VOLUNTARIOS
SANOS. ¿HAY EFECTOS
COLATERALES
IMPREVISTOS?

¿HA
SALIDO
BIEN?

En este momento, ya estás seguro de que tu creación no hace daño y probablemente cura. Pero aún necesitas recopilar más datos sobre cómo se usa y hasta qué punto funciona para entender si se puede mejorar.

AUTORIZACIÓN

Envías todos los datos a la Agencia Europea de Medicamentos, que los revisará de nuevo. Si todo va bien, CURATÍN estará listo para su venta en todas las farmacias de Europa, después de que las agencias estatales hayan realizado comprobaciones adicionales y negocien con la empresa fabricante el precio de venta en su país.

El «doble ciego»

No, no es una jugada de tenis, sino la forma de llevar a cabo la tercera fase de la experimentación.

Para llegar a donde has llegado con CURATÍN, has dedicado años de sacrificios en el laboratorio. Tu equipo favorito ha ganado la Champions League y lo has descubierto un mes después. Tu pequeño cachorro se escapó al bosque y ni siquiera te diste cuenta. Y ahora estás deseando que se fabrique el CURATÍN.

Es normal, ¿verdad? Vaya, es bien humano. Pero no con los medicamentos: aquí hay que ser frío e imparcial. Incluso sin quererlo, un científico demasiado entusiasta podría falsificar los resultados de sus experimentos o tender, de manera inconsciente, a interpretarlos a su favor.

Por eso la fase III se realiza *con enmascaramiento doble*, que por la presión del inglés a menudo se dice «doble ciego» (de *double-blind*). ¿Qué significa?

Se preparan dos pastillas aparentemente idénticas, pero diferentes. Uno es el milagroso CURATÍN, mientras que la otra es un placebo, es decir, un caramelo sin ningún efecto, ni bueno ni malo. Y nadie (excepto la computadora que conoce los códigos secretos que los identifican) sabe qué pastilla es CURATÍN y cuál es el placebo.

Los voluntarios se dividen en dos grupos, y los médicos distribuyen las pastillas sin saber cuál están administrando. Los pacientes tampoco lo saben. De esta manera, nadie es influenciado por las expectativas, y tanto las preguntas de los médicos como las respuestas de los pacientes serán sinceras y fiables.

Solo al final se abren los sobres, como en un concurso televisivo, y se descubre quién ha tomado el medicamento y quién el placebo.

Si el grupo al que se le ha administrado CURATÍN se siente mejor que el «grupo comparativo», que tomó el placebo, significa que el medicamento funciona y que la fase experimental ha terminado.

MEDICAMENTOS DE PATENTE Y GENÉRICOS

Desarrollar un nuevo medicamento cuesta millones de euros, por lo que quienes lo producen tienen derecho a patentarlo: esto significa que la empresa que lo inventó puede producirlo y venderlo, pero solo durante 20 años, tras los cuales todas las demás empresas pueden comercializarlo con otro nombre y a un precio menor.

El medicamento de la primera empresa es el original y, a menudo, da nombre al producto (por ejemplo, Gelocatil). Los demás son genéricos (en el caso del Gelocatil, paracetamol).

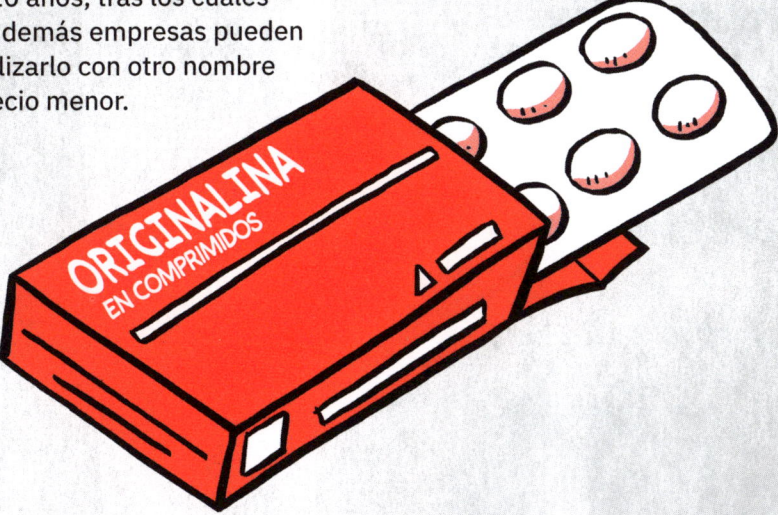

15

¿CÓMO SEREMOS EN EL FUTURO?

Si miras un episodio de *Futurama*, seguro que verás una cabeza parlante, guardada bajo un cristal y con la misma personalidad que la persona a la que pertenecía. Bueno, piensa que hay personas que realmente quieren hacer esto: los *transhumanistas* creen que debes guardar tu cabeza en la nevera porque, en un futuro más o menos lejano, podrás volver a encenderla y ser tú mismo, sin necesidad de un cuerpo.

Sea como sea, lo que es cierto es que seguimos desarrollando medicamentos, repuestos y teorías sobre cómo vivir el mayor tiempo posible, con la esperanza de que nuestra máquina funcione mejor. Pero ¿es siempre así?

Medicamentos, vale, pero ¿cuántos?

Una preocupación muy seria se refiere a los antibióticos: son medicamentos muy potentes contra los microbios y han salvado millones de vidas, al menos desde que Mary Hunt llevó al laboratorio un melón cubierto de un hermoso moho dorado, del cual se extrajo la primera penicilina, que luego se reprodujo en grandes cantidades en el laboratorio.

Poco antes, Alexander Fleming había descubierto la penicilina de forma igualmente casual, y ya nos había advertido del peligro: si se usan en exceso y de forma inadecuada, los antibióticos ayudan a los microbios a volverse más resistentes. Entonces necesitaremos medicamentos más potentes, hasta que lleguemos a un punto en que no tengamos más.

Esto ya está sucediendo hoy en día: usamos demasiados antibióticos y desarrollamos cada vez menos, y son cada vez menos eficaces contra bacterias cada vez más agresivas. Por esta razón, tú también debes tomarlos solo si es realmente necesario.

VAGANCIA TELEVISIVA

En la película de animación *WALL-E* hay una visión inquietante de cómo podríamos ser dentro de unos cientos de años: gordísimos pero débiles, incapaces de dar un paso, siempre sentados frente a una pantalla.

¿Ciencia ficción? ¿No te dan ganas de salir a jugar y desconectar del vídeo?

Cultivar piezas de repuesto

Una de las fronteras de la medicina es convertir algunas de las células ya especializadas de tu cuerpo en células madre y, en ese momento, usar su ADN para hacerlas evolucionar a voluntad, como un Pokémon, de modo que adopten una forma diferente. Imagina: podrían tomar una muestra de tu piel y crear un páncreas, un hígado, un bazo... o mejor, un «minihígado». Se llaman *organoides*, miden apenas unos milímetros y, aparte de su tamaño, son idénticos a los que tienes dentro. ¿Para qué sirven? Pues para probar tratamientos y terapias personalizadas en ellos, en lugar de en ti.

Cuanto más vivas, más necesitarás piezas de repuesto. Así que o encuentras la manera de cultivarlas o las construyes con silicona u otros materiales sintéticos, mediante impresoras 3D especiales. Esto ya se está probando con éxito, por ejemplo, para válvulas cardíacas. También puedes «bioimprimirlos», un método que utiliza una impresora 3D para producir órganos y tejidos a partir de células cultivadas en un laboratorio.

¿No te gusta? Sigue siendo mucho mejor de lo que algunos escritores imaginaron. En su novela *Neuromante*, William Gibson imagina un futuro no muy lejano en el que es posible injertar partes corporales biónicas: brazos y piernas artificiales, chips de memoria que contienen fragmentos de otras personalidades. Un futuro en el que el hombre y la máquina serían intercambiables.

En *Nunca me abandones*, del ganador del Premio Nobel de literatura Kazuo Ishiguro, los protagonistas nacieron y crecieron en una isla remota con el único propósito de que sus órganos sirvan de repuesto a sus copias ricas y aseguradas.

Construir los repuestos

La esgrimista Bebe Vio ha demostrado que se puede llegar a ser campeón mundial de esgrima usando prótesis en lugar de extremidades naturales, y gracias a su equipo de ortopedistas, también ha demostrado que es posible construir prótesis mecánicas capaces de adaptarse al crecimiento del cuerpo infantil. Hay numerosos proyectos de vanguardia en este campo, como Natural Bionics, un programa en desarrollo entre Génova, Londres y Viena, que busca conectar extremidades biónicas directamente al sistema nervioso a través de la columna vertebral, para que se puedan mover y permitan a los pacientes recuperar la capacidad de sentir el mundo a través de ellas.

Según todos estos proyectos de investigación, el futuro de las prótesis pasa por la lectura de los estímulos cerebrales: combina la robótica, la inteligencia artificial y la cirugía para reconstruir las conexiones eléctricas y la transferencia de datos. Al volver a inervar (conectar los nervios) las prótesis artificiales como si fueran natura-

DESCIFRAR

Hacia el año 2050, unas 850.000 personas en todo el mundo necesitarán al menos una válvula cardíaca de reemplazo.

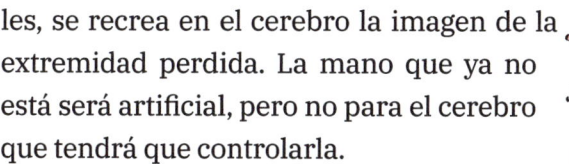

les, se recrea en el cerebro la imagen de la extremidad perdida. La mano que ya no está será artificial, pero no para el cerebro que tendrá que controlarla.

Cuando uno lee lo que quieren hacer, parece casi imposible. Pero nuestros abuelos dijeron lo mismo cuando oyeron hablar de la idea de enviar un hombre a la Luna, ¿verdad?

¡Conéctate, que operamos!

Las conexiones remotas y los instrumentos robóticos ya nos permiten evitar que pacientes y médicos tengan que viajar para reunirse. En el futuro, esto sucederá cada vez más. Muchos diagnósticos se pueden realizar por videollamada, y gracias al 5G, la nueva red de transmisión rápida de internet, puedes enviar a tu médico, incluso al otro lado del mundo, videos y fotos de alta resolución de donde te duele.

También se opera ya a distancia: un paciente en Kinshasa, en un quirófano esterilizado, es operado por un brazo robótico que reproduce con absoluta precisión los movimientos del cirujano que está en un hospital de Moscú, y que opera sobre un maniquí.

Los médicos cuentan con el apoyo de robots con inteligencia artificial, capaces de recordar, comparar e interpretar millones de datos y realizar otros cálculos similares para obtener deducciones precisas. Se trata de los

CDSS (en inglés *Clinical decision support system*, sistemas de apoyo a la toma de decisiones clínicas), es decir, sistemas que facilitan el diagnóstico y que pueden evitar que los médicos tengan que memorizarlo todo.

De todos modos, la decisión final siempre está en manos de los médicos.

Personas modificadas genéticamente

La historia del Capitán América y del Soldado del Invierno, es decir, de soldados modificados genéticamente, no es

LA CIENCIA DE LOS SUPERHÉROES

En la vida real, si Superman te salvara a su manera (agarrándote con las manos) mientras caías de un rascacielos, te mataría por el retroceso, arrancándote los brazos. Si quisieras correr como Flash, tendrías que ingerir 75.000 millones de calorías cada 100 kilómetros, o un millón de filetes por segundo. Si fueras Ant-Man, como gigante pesarías 280 toneladas y, por lo tanto, tu esqueleto no podría sostenerte, mientras que, como ser subatómico, debido a la forma en que se propagan las ondas de luz y el sonido, no podrías ver ni oír nada.

algo tan lejano como se podría imaginar. Hemos descubierto que las bacterias tienen su propio sistema inmunitario, llamado CRISPR, que utilizan para destruir fragmentos de ADN de los virus, y estamos intentando utilizar el mismo sistema para «entrenar» a células de los animales y luego a células humanas para que hagan lo mismo.

Esta tecnología revolucionaria nos permitiría corregir de forma muy precisa el ADN de plantas, animales y seres humanos. Quizá sería una tecnología cuestionable si en lugar de usarse para curar enfermedades, se usara para crear supersoldados.

Por lo tanto, la pregunta es inevitable: ¿es una buena idea?

Científicos, filósofos y expertos en bioética la debaten acaloradamente. Tal vez podemos reflexionar sobre esto: para cuestionarnos y comprender nuestros límites, en todos los sentidos, sigue siendo útil saber hasta dónde podemos llegar con estas tecnologías e imaginar que siempre hay alguien sin escrúpulos dispuesto a usarlas de la peor manera posible.

En cualquier caso, tu cuerpo es solo uno de los protagonistas de lo que puedes hacer o no en tu vida. El otro protagonista es tu mente, es decir, lo que crees que puedes hacer. Una mueve al otro y el otro alegra a la primera, transmitiendo sensaciones únicas: placer, nervios, cansancio, cosquillas, sabores y todas las cosas maravillosas que experimentarás en la vida.

Pero no existe uno sin el otro. Aprende a usar bien ambos.

¡Y que tengas un buen viaje!

SALUDOS Y HASTA LA VISTA

Y así volvemos a ti.

¿Has comprendido que eres tú, tu cabeza, pero también tus piernas, tu barriga y todo lo demás?

Tu cuerpo es una máquina, es cierto, como el coche en el que estás sentado esperando, pero es una máquina muy muy personal. Un modelo único, que solo tienes tú y del que solo tú puedes cuidar.

Se rompe, le salen caries, se ensucia, se lastima, se magulla.

Pero siempre está ahí, listo para hacerte correr otra vez, otra zambullida, otra voltereta, para que le des otro beso. Tose y se detiene, pero luego vuelve a empezar. Puedes alimentarlo con exquisiteces y la comida basura más alucinante, y seguirá estando de acuerdo contigo. Quizás te haga pagar por algunas decisiones, pero como se hace entre amigos: sin rencor.

Es una máquina lanzada hacia el futuro.

Y cuanto más descubras sus misterios, más descubrirás también su pasado: quién era, de dónde viene, cómo te fue confiada, hoy, llave en mano.

Así que adelante, empieza de nuevo.

Hay otros seis o siete mil millones de máquinas ahí fuera para descubrir, desafiar, seguir, admirar, enseñar y en las que inspirarte.

Se necesitan músculos y sangre... Y también un poco de suerte.

Pero para eso estamos aquí.

ENCICLOPEDIA JUVENIL PARA MENTES CURIOSAS